大方廣佛華嚴經 讀誦

35

✤ 일러두기

1. 『독송본 한문·한글역 대방광불화엄경』은 실차난타가 한역(695~699)한 80권 『대방광불화엄경』의 한문 원문과 한글역을 함께 수록한 것이다. 한문에는 음사와 현토를 부기하였다.

2. 원문의 저본은 고종 2년(1865) 월정사에서 인경한 고려대장경 『대방광불화엄경』에 한암 스님이 현토(1949년)한 것을 범룡 스님이 영인 출판(1990년)한 『대방광불화엄경』이다.

3. 한문은 저본에서 누락되었거나 글자가 다르다고 판단된 부분은 저본인 고려대장경 각권의 말미에 교감되어 있는 내용을 중심으로 하고 봉은사판 『대방광불화엄경수소연의초』와 신수대장경 각주에서 밝힌 교감본을 참조하여 보입하고 수정하였다.

4. 한글 번역은 동국역경원에서 발간한 한글 『대방광불화엄경』(운허)을 중심으로 하고 『신화엄경합론』(탄허)과 『대방광불화엄경 강설』(여천무비) 그리고 최근의 여타 번역본 등을 참조하였다.

5. 저본의 원문에서 이체자의 경우 훈글이 제공하는 이체자는 그대로 살리고 훈글이 제공하지 않는 글자는 통용되는 정자로 바꾸었다. 예) 閒 → 閒 / 焰 → 燄 / 宮 → 宫 / 偁 → 稱

6. 한글 번역은 독송과 사경을 위하여 정확성과 아울러 가독성을 고려하였다. 극존칭은 부처님과 불경계에 대해서만 사용하였다.

7. 독송본의 차례는 일러두기 → 본문 → 화엄경 목차 → 간행사의 순차이다.
   (법공양판에는 간행사 다음에 간행불사 동참자를 밝혀 두었다.)

8. 독송본의 한글역은 사경의 편의를 도모하기 위해 그 편집을 달리하여 『사경본 한글역 대방광불화엄경』으로 함께 간행한다. 독송본과 사경본 모두 80권 『대방광불화엄경』의 권별 목차 순으로 간행한다.

독송본 한문·한글역

대방광불화엄경 제35권
大方廣佛華嚴經 卷第三十五

26. 십지품 [2]
十地品 第二十六之二

실차난타 한역
수미해주 한글역

35

대방광불화엄경 제35권 변상도

대방광불화엄경
제35권

26. 십지품 [2]

如是我聞一時
提場中始成正
資輪及眾寶華
海無邊顯現塵
眾寶羅網妙香
現自在雨無盡
行列枝葉光茂
嚴於中影現其
瑠璃為幹寶雜
蔭如雲寶寶雜
其果含輝發燄
明於光明中羽

대방광불화엄경 권제삼십오
大方廣佛華嚴經 卷第三十五

십지품 제이십육지이
十地品 第二十六之二

제 보 살 문 차
諸菩薩聞此

최 승 미 묘 지
最勝微妙地하고

기 심 진 청 정
其心盡淸淨하야

일 체 개 환 희
一切皆歡喜라

개 종 어 좌 기
皆從於座起하사

용 주 허 공 중
踊住虛空中하야

보 산 상 묘 화
普散上妙華하고

동 시 공 칭 찬
同時共稱讚하사대

대방광불화엄경 제35권

26. 십지품 [2]

모든 보살들이

이 가장 수승하고 미묘한 지위를 듣고

그 마음이 다 청정해져서

일체가 모두 환희하며

모두 자리에서 일어나

허공에 뛰어올라 머무르며

가장 미묘한 꽃을 널리 흩고

동시에 함께 칭찬하였다.

선재금강장
善哉金剛藏

대지무외자
大智無畏者여

선설어차지
善說於此地

보살소행법
菩薩所行法일새

해탈월보살
解脫月菩薩이

지중심청정
知衆心淸淨하야

낙문제이지
樂聞第二地의

소유제행상
所有諸行相하고

즉청금강장
即請金剛藏호대

대혜원연설
大慧願演說하소서

불자개락문
佛子皆樂聞

소주제이지
所住第二地하나이다

"훌륭합니다, 금강장이여,
큰 지혜로 두려움 없는 자여,
이 초지의 보살이 행하는 법을
잘 설하였습니다."

해탈월 보살이
대중의 마음이 청정하고
제2지의 있는 바 모든 행상을
즐겨 듣고자 함을 알고는

곧 금강장에게 청하였다.
"대혜여, 원컨대 연설하소서.
불자들이 모두 제2지에 머무르는 것을
즐겨 듣고자 합니다."

이시　금강장보살　고해탈월보살언
爾時에 金剛藏菩薩이 告解脫月菩薩言하사대

불자　보살마하살　이수초지　욕입제이
佛子야 菩薩摩訶薩이 已修初地하고 欲入第二

지　당기십종심심
地인댄 當起十種深心이니라

하등　위십　소위정직심　유연심　감능
何等이 爲十고 所謂正直心과 柔輭心과 堪能

심　조복심　적정심　순선심　부잡심　무
心과 調伏心과 寂靜心과 純善心과 不雜心과 無

고련심　광심　대심　보살　이차십심
顧戀心과 廣心과 大心이니 菩薩이 以此十心으로

득입제이이구지
得入第二離垢地니라

그때에 금강장 보살이 해탈월 보살에게 말씀하였다.

"불자여, 보살마하살이 이미 초지를 닦고 제2지에 들어가려 한다면, 마땅히 열 가지 깊은 마음을 일으켜야 한다.

무엇이 열인가? 이른바 정직한 마음과 부드러운 마음과 참을성 있는 마음과 조복하는 마음과 적정한 마음과 순일하게 선한 마음과 잡란하지 않은 마음과 그리움이 없는 마음과 넓은 마음과 큰 마음이다. 보살이 이 열 가지 마음으로 제2 이구지에 들어간다.

불자 　 보살 　 주이구지 　 성자원리일체살
佛子야 菩薩이 住離垢地에 性自遠離一切殺

생 　 불축도장 　 불회원한 　 유참유괴
生하야 不畜刀杖하며 不懷怨恨하며 有慙有愧하며

인서구족 　 어일체중생유명지자 　 상생이
仁恕具足하야 於一切衆生有命之者에 常生利

익자념 지심
益慈念之心하나니라

시보살 　 상불악심 　 뇌제중생 　 하황어
是菩薩이 尙不惡心으로 惱諸衆生이어든 何況於

타 　 기중생상 　 고이중의 　 이행살해
他에 起衆生想하야 故以重意로 而行殺害아

성불투도 　 보살 　 어자자재 　 상지지족
性不偸盜하야 菩薩이 於自資財에 常知止足하며

불자여, 보살이 이구지에 머무르면 성품이 저절로 일체 살생을 멀리 여읜다. 칼이나 몽둥이를 두지 아니하고, 원한을 품지 아니하며, 부끄러움이 있고 수줍음이 있으며, 인자하고 용서함이 구족하며, 일체 중생으로 생명 있는 자에게 항상 이익되고 자애로운 마음을 낸다.

이 보살이 오히려 나쁜 마음으로 모든 중생들을 괴롭히지 않는데, 어찌 하물며 저에게 중생이라는 생각을 일으켜 짐짓 거친 마음으로 살해를 행하겠는가?

성품이 훔치지 않는다. 보살은 자기의 재산에

어타　　자서　　　불욕침손
於他에 慈恕하야 不欲侵損하니라

약물　　속타　　　기타물상　　　종불어차　　이생
若物이 屬他인댄 起他物想하야 終不於此에 而生

도심　　　내지초엽　　　　불여불취　　　하황기
盜心하며 乃至草葉이라도 不與不取어든 何況其

여자생지구
餘資生之具아

성불사음　　　보살　　어자처　　지족　　　불구
性不邪婬하야 菩薩이 於自妻에 知足하야 不求

타처
他妻하니라

어타처첩　　타소호녀　　　친족매정　　　급위법소
於他妻妾과 他所護女와 親族媒定과 及爲法所

항상 만족함을 알고 다른 이에게 자애롭고 어질어서 침범하여 손해를 주려 하지 않는다.

만약 물건이 다른 이에게 속한 것이면 남의 물건이라는 생각을 내어 마침내 이것에 대해 훔치려는 마음을 내지 않으며 내지 풀잎이라도 주지 않으면 가지지 않는데, 어찌 하물며 그 나머지 생활에 필요한 도구이겠는가?

성품이 사음하지 않는다. 보살은 자기의 아내에 만족할 줄 알고 다른 아내를 구하지 않는다.

다른 이의 아내나 첩이나, 다른 이가 보호하는 여자나, 친족이거나, 약혼하였거나, 법으로

護_에 尙不生於貪染之心_{이어든} 何況從事_{하며} 況

於非道_아

性不妄語_{하야} 菩薩_이 常作實語眞語時語_{하며}

乃至夢中_{에도} 亦不忍作覆藏之語_{하야} 無心欲

作_{이어든} 何況故犯_가

性不兩舌_{하야} 菩薩_이 於諸衆生_에 無離間心_{하며}

보호받는 이에게 오히려 탐하는 물든 마음을 내지 않는데 어찌 하물며 종사하며, 하물며 도리가 아닌 것이겠는가?

성품이 거짓말을 하지 않는다. 보살은 항상 진실한 말과 참된 말과 시기에 맞는 말을 하며 내지 꿈에서라도 또한 덮어 감추는 말을 차마 하지 못하며 하려는 마음도 없는데, 어찌 하물며 짐짓 범하겠는가?

성품이 이간하는 말을 하지 않는다. 보살은 모든 중생들에게 이간하는 마음이 없고 괴롭

무뇌해심
無惱害心하니라

부장차어　　위파피고　　이향피설　　부장
不將此語하야　爲破彼故로　而向彼說하며　不將

피어　　　위파차고　　이향차설
彼語하야　爲破此故로　而向此說하니라

미파자　　불령파　　　이파자　　부증장　　불희
未破者는　不令破하며　已破者는　不增長하며　不喜

이간　　　불락이간　　　부작이간어　　불설이
離間하며　不樂離間하며　不作離間語하며　不說離

간어　　약실약불실
間語의　若實若不實이니라

성불악구　　소위독해어　　추광어　　고타
性不惡口하야　所謂毒害語와　麁獷語와　苦他

히고 해치려는 마음도 없다.

이 말로써 저를 파괴하기 위하여 저에게 말하지 아니하고, 저 말로써 이를 파괴하기 위하여 이에게 말하지 아니한다.

아직 파괴하지 않은 것은 파괴하게 하지 않고, 이미 파괴한 것은 증장하지 않게 하며, 이간하는 것을 기뻐하지 않고 이간하는 것을 즐기지 않는다. 이간하는 말을 짓지 아니하며, 이간하는 말은 실제이거나 실제가 아니거나 말하지 아니한다.

성품이 악한 말을 하지 않는다. 이른바 독하

어　　영타진한어　　현전어　　불현전어　　비악
語와　令他瞋恨語와　現前語와　不現前語와　鄙惡

어　　용천어　　불가락문어　　문자불열어　　진
語와　庸賤語와　不可樂聞語와　聞者不悅語와　瞋

분어　　여화소심어　　원결어　　열뇌어　　불가
忿語와　如火燒心語와　怨結語와　熱惱語와　不可

애어　　불가락어　　능괴자신타신어　　여시등
愛語와　不可樂語와　能壞自身他身語인　如是等

어　　개실사리
語를　皆悉捨離하나라

상작윤택어　　유연어　　열의어　　가락문
常作潤澤語와　柔輭語와　悅意語와　可樂聞

어　　문자희열어　　선입인심어　　풍아전칙
語와　聞者喜悅語와　善入人心語와　風雅典則

어　　다인애락어　　다인열락어　　신심용열
語와　多人愛樂語와　多人悅樂語와　身心踊悅

고 해로운 말과, 거칠고 사나운 말과, 남을 괴롭히는 말과, 남을 성내게 하는 말과, 앞에 대한 말과, 앞에 대하지 않은 말과, 비루하고 나쁜 말과, 용렬하고 천박한 말과, 듣기에 즐겁지 않은 말과, 듣는 자가 기쁘지 않은 말과, 분노의 말과, 불처럼 속을 태우는 말과, 원한을 맺는 말과, 고통스럽게 하는 말과, 사랑스럽지 않은 말과, 즐겁지 않은 말과, 자신과 남을 파괴하는 말 등, 이와 같은 말을 모두 다 버린다.

　항상 윤택한 말과, 부드러운 말과, 뜻에 맞는 말과, 듣기 즐거운 말과, 듣는 이가 기뻐하는 말과, 남의 마음에 잘 들어가는 말과, 운치 있

어
語니라

성불기어　　보살　　상락사심어　시어　　실
性不綺語하야 菩薩이 常樂思審語와 時語와 實

어　　의어　　법어　　순도리어　　교조복어　　수
語와 義語와 法語와 順道理語와 巧調伏語와 隨

시주량결정어
時籌量決定語니라

시보살　　내지희소　　　상항사심　　　하황고
是菩薩이 乃至戱笑에도 尙恒思審이어든 何況故

출산란지언
出散亂之言가

고 규범 있는 말과, 여러 사람이 좋아하는 말과, 여러 사람이 기뻐하는 말과, 몸과 마음이 뛸 듯 희열한 말을 한다.

성품이 번드르르한 말을 하지 않는다. 보살은 언제나 생각하고 살피는 말과, 시기에 맞는 말과, 진실한 말과, 이치에 맞는 말과, 법다운 말과, 도리를 따르는 말과, 잘 조복하는 말과, 때에 따라 요량하여 결정하는 말을 즐겨한다.

이 보살은 내지 우스갯소리도 오히려 항상 생각하고 살피는데, 어찌 하물며 짐짓 산란한 말을 하겠는가?

성불탐욕　　보살　어타재물　타소자용
性不貪欲하야 菩薩이 於他財物과 他所資用에

불생탐심　　불원불구
不生貪心하며 不願不求니라

성이진에　　보살　어일체중생　항기자
性離瞋恚하야 菩薩이 於一切衆生에 恒起慈

심　이익심　애민심　환희심　화윤심　섭
心과 利益心과 哀愍心과 歡喜心과 和潤心과 攝

수심
受心하니라

영사진한원해열뇌　　상사순행인자우익
永捨瞋恨怨害熱惱하고 常思順行仁慈祐益이니라

성품이 탐내지 않는다. 보살이 남의 재물이나 남의 생활용품에 탐하는 마음을 내지 않고 원하지 않고 구하지도 않는다.

성품이 성내지 않는다. 보살이 일체 중생에게 항상 자애로운 마음과, 이익하게 하는 마음과, 가엾이 여기는 마음과, 환희한 마음과, 화평한 마음과, 거두어 주는 마음을 낸다.

성냄과 한탄과 원망과 해침과 뜨거운 번뇌를 길이 버리고, 항상 수순하는 행과 인자하고 도와주고 이익하게 하는 일을 생각한다.

우이사견   보살   주어정도   불행점복
又離邪見하야 菩薩이 住於正道하며 不行占卜하며

불취악계   심견정직   무광무첨   어불
不取惡戒하며 心見正直하며 無誑無諂하며 於佛

법승   기결정신
法僧에 起決定信이니라

불자   보살마하살   여시호지십선업도
佛子야 菩薩摩訶薩이 如是護持十善業道하야

상무간단
常無閒斷이니라

부작시념   일체중생   타악취자   막불개
復作是念호대 一切衆生의 墮惡趣者가 莫不皆

또 삿된 견해를 여읜다. 보살이 바른 도에 머무르며, 점치지 않고, 나쁜 계율을 가지지 않고, 마음과 견해가 정직하고, 속이지 않고 아첨하지 않으며, 불보와 법보와 승보에 결정한 믿음을 일으킨다.

불자여, 보살마하살이 이와 같이 열 가지 선한 업의 도를 보호하고 지니어 항상 끊임이 없다.

다시 이 생각을 하기를 '일체 중생이 나쁜 갈래에 떨어지는 것은 모두 열 가지 선하지 않은 업 때문 아님이 없다. 그러므로 나는 마땅히

이십불선업　　　시고　　　아당자수정행　　　역
以十不善業이라 是故로 我當自修正行하고 亦

권어타　　　영수정행　　　하이고　　　약자불능
勸於他하야 令修正行이니 何以故오 若自不能

수행정행　　　영타수자　　무유시처
修行正行하고 令他修者가 無有是處니라

불자　　차보살마하살　　부작시념
佛子야 此菩薩摩訶薩이 復作是念하나라

십불선업도　　시지옥축생아귀　　수생인
十不善業道는 是地獄畜生餓鬼의 受生因이며

십선업도　　시인천　　내지유정처　　수생
十善業道는 是人天과 乃至有頂處의 受生

인
因이니라

스스로 바른 행을 닦고 또한 다른 이에게도 권하여 바른 행을 닦게 할 것이다. 왜냐하면 만약 스스로 바른 행을 수행하지 못하면서 다른 이로 하여금 닦게 하는 것은 옳지 않기 때문이다.'라고 한다.

불자여, 이 보살마하살이 다시 이 생각을 한다. '열 가지 선하지 않은 업의 길은 지옥이나 축생이나 아귀에서 삶을 받는 원인이며, 열 가지 선한 업의 길은 인간이나 천상이나 내지 유정처에서 삶을 받는 원인이다.

우차상품십선업도　　이지혜수습　　　심협렬
又此上品十善業道는 以智慧修習호대 心狹劣

고　　포삼계고　　궐대비고　　종타문성이해료
故며 怖三界故며 闕大悲故며 從他聞聲而解了

고　　성성문승
故로 成聲聞乘이니라

우차상품십선업도　　수치청정　　　부종타
又此上品十善業道는 修治淸淨호대 不從他

교　　자각오고　　대비방편　　불구족고　　오
敎하고 自覺悟故며 大悲方便이 不具足故며 悟

해심심인연법고　　성독각승
解甚深因緣法故로 成獨覺乘이니라

우차상품십선업도　　수치청정　　심광무량
又此上品十善業道는 修治淸淨호대 心廣無量

또 이 상품의 열 가지 선한 업의 길을 지혜로써 닦아 익히되, 마음이 좁고 용렬한 까닭이며 삼계를 두려워하는 까닭이며 대비가 없는 까닭이며 다른 이로부터 소리를 듣고 이해하여 아는 까닭으로 성문승이 된다.

또 이 상품의 열 가지 선한 업의 길을 청정하게 닦아 다스리되, 남의 가르침을 따르지 않고 스스로 깨달은 까닭이며 대비 방편을 갖추지 못한 까닭이며 매우 깊은 인연법을 깨달아 아는 까닭으로 독각승이 된다.

또 이 상품의 열 가지 선한 업의 길을 청정하

고　　구족비민고　　방편소섭고　　발생대원
故며　具足悲愍故며　方便所攝故며　發生大願

고　　불사중생고　　희구제불대지고　　정치
故며　不捨衆生故며　希求諸佛大智故며　淨治

보살제지고　　정수일체제도고　　성보살광
菩薩諸地故며　淨修一切諸度故로　成菩薩廣

대행
大行이니라

우차상상십선업도　　일체종　　청정고　　내지
又此上上十善業道는　一切種이　清淨故며　乃至

증십력사무외고　　일체불법　　개득성취
證十力四無畏故로　一切佛法을　皆得成就하나니라

게 닦아 다스리되, 마음이 넓기가 한량없는 까닭이며 가엾게 여김을 구족하는 까닭이며 방편에 포섭되는 까닭이며 큰 서원을 내는 까닭이며 중생을 버리지 않는 까닭이며 모든 부처님의 큰 지혜를 바라고 구하는 까닭이며 보살의 모든 지위를 깨끗이 다스리는 까닭이며 일체 모든 바라밀을 깨끗이 닦는 까닭으로 보살의 광대한 행을 이룬다.

또 이 상상품의 열 가지 선한 업의 길은 일체종이 청정한 까닭이며 내지 열 가지 힘과 네 가지 두려움 없음을 증득하는 까닭으로 일

시고 아금등행십선   응령일체 구족청
是故로 我今等行十善하야 應令一切로 具足淸

정   여시방편 보살 당학
淨이니 如是方便을 菩薩이 當學이니라

불자 차보살마하살 우작시념
佛子야 此菩薩摩訶薩이 又作是念하니라

십불선업도 상자 지옥인 중자 축생
十不善業道가 上者는 地獄因이요 中者는 畜生

인 하자 아귀인
因이요 下者는 餓鬼因이니라

어중 살생지죄 능령중생 타어지옥축
於中에 殺生之罪는 能令衆生으로 墮於地獄畜

체 부처님 법을 모두 성취한다.

그러므로 내가 이제 열 가지의 선을 평등하게 행하여 마땅히 일체로 하여금 청정함을 구족하게 할 것이니, 이와 같은 방편을 보살이 마땅히 배울 것이다.'

불자여, 이 보살마하살이 또 이 생각을 한다. '열 가지 선하지 않은 업의 길이 상품은 지옥의 인이고, 중품은 축생의 인이고, 하품은 아귀의 인이다.

생아귀   약생인중   득이종과보   일
生餓鬼하며 若生人中이라도 得二種果報하나니 一

자   단명   이자   다병
者는 短命이요 二者는 多病이니라

투도지죄   역령중생   타삼악도   약생
偸盜之罪도 亦令衆生으로 墮三惡道하며 若生

인중   득이종과보   일자   빈궁   이
人中이라도 得二種果報하나니 一者는 貧窮이요 二

자   공재부득자재
者는 共財不得自在니라

사음지죄   역령중생   타삼악도   약생
邪婬之罪도 亦令衆生으로 墮三惡道하며 若生

인중   득이종과보   일자   처부정량
人中이라도 得二種果報하나니 一者는 妻不貞良이요

이자   부득수의권속
二者는 不得隨意眷屬이니라

그중에서 살생한 죄는 능히 중생들이 지옥과 축생과 아귀에 떨어지게 한다. 인간에 태어나더라도 두 가지 과보를 받으니, 하나는 단명하고 둘은 병이 많다.

도둑질한 죄도 또한 중생들이 세 가지 나쁜 갈래에 떨어지게 한다. 인간에 태어나더라도 두 가지 과보를 받으니, 하나는 빈궁하고 둘은 재물을 함께 가지게 되어 마음대로 하지 못한다.

사음한 죄도 또한 중생들이 세 가지 나쁜 갈래에 떨어지게 한다. 인간에 태어나더라도 두 가지 과보를 받으니, 하나는 아내가 정숙하지

망 어 지 죄　　 역 령 중 생　　　 타 삼 악 도　　　 약 생
妄語之罪도　亦令衆生으로　墮三惡道하며　若生

인 중　　　　 득 이 종 과 보　　　 일 자　　 다 피 비 방
人中이라도　得二種果報하나니　一者는　多被誹謗이요

이 자　　 위 타 소 광
二者는　爲他所誑이니라

양 설 지 죄　　 역 령 중 생　　　 타 삼 악 도　　　 약 생
兩舌之罪도　亦令衆生으로　墮三惡道하며　若生

인 중　　　　 득 이 종 과 보　　　 일 자　　 권 속 괴 리
人中이라도　得二種果報하나니　一者는　眷屬乖離요

이 자　　 친 족 폐 악
二者는　親族弊惡이니라

악 구 지 죄　　 역 령 중 생　　　 타 삼 악 도　　　 약 생
惡口之罪도　亦令衆生으로　墮三惡道하며　若生

인 중　　　　 득 이 종 과 보　　　 일 자　　 상 문 악 성
人中이라도　得二種果報하나니　一者는　常聞惡聲이요

않고 둘은 마음에 드는 권속을 얻지 못한다.

거짓말한 죄도 또한 중생들이 세 가지 나쁜 갈래에 떨어지게 한다. 인간에 태어나더라도 두 가지 과보를 받으니, 하나는 비방을 많이 받고 둘은 남에게 속게 된다.

이간한 죄도 또한 중생들이 세 가지 나쁜 갈래에 떨어지게 한다. 인간에 태어나더라도 두 가지 과보를 받으니, 하나는 권속이 뿔뿔이 흩어지고 둘은 친족들이 험악하다.

악한 말을 한 죄도 또한 중생들이 세 가지 나쁜 갈래에 떨어지게 한다. 인간에 태어나더라도 두 가지 과보를 받으니, 하나는 항상 나

이 자　　언 다 쟁 송
二者는 言多諍訟이니라

기 어 지 죄　　역 령 중 생　　　타 삼 악 도　　약 생
綺語之罪도 亦令衆生으로 墮三惡道하며 若生

인 중　　　　득 이 종 과 보　　　일 자　　언 무 인 수
人中이라도 得二種果報하나니 一者는 言無人受요

이 자　　어 불 명 료
二者는 語不明了니라

탐 욕 지 죄　　역 령 중 생　　　타 삼 악 도　　약 생
貪欲之罪도 亦令衆生으로 墮三惡道하며 若生

인 중　　　　득 이 종 과 보　　　　일 자　　심 불 지
人中이라도 得二種果報하나니 一者는 心不知

족　　　이 자　　다 욕 무 염
足이요 二者는 多欲無厭이니라

진 에 지 죄　　역 령 중 생　　　타 삼 악 도　　　약 생
瞋恚之罪도 亦令衆生으로 墮三惡道하며 若生

쁜 소리를 듣고 둘은 말로 많이 다툰다.

번드르르한 말을 한 죄도 또한 중생들이 세 가지 나쁜 갈래에 떨어지게 한다. 인간에 태어나더라도 두 가지 과보를 받으니, 하나는 말해도 받아들이는 사람이 없고 둘은 말이 분명하지 않다.

탐낸 죄도 또한 중생들이 세 가지 나쁜 갈래에 떨어지게 한다. 인간에 태어나더라도 두 가지 과보를 받으니, 하나는 마음에 만족할 줄 모르고 둘은 욕심이 끝이 없다.

성낸 죄도 또한 중생들이 세 가지 나쁜 갈래에 떨어지게 한다. 인간에 태어나더라도 두 가

인중   득이종과보   일자   상피타인
人中이라도 得二種果報하나니 一者는 常被他人의

구 기 장 단   이자   항피어타지소뇌해
求其長短이요 二者는 恒被於他之所惱害니라

사 견 지 죄   역 령 중 생   타 삼 악 도   약 생
邪見之罪도 亦令衆生으로 墮三惡道하며 若生

인중   득이종과보   일자   생사견가
人中이라도 得二種果報하나니 一者는 生邪見家요

이자   기심첨곡
二者는 其心諂曲이니라

불자   십불선업도   능생차등무량무변중
佛子야 十不善業道가 能生此等無量無邊衆

대고취
大苦聚하나니라

지 과보를 받으니, 하나는 항상 남들에게 시비를 받게 되고 둘은 항상 남들에게 괴롭힘과 해침을 받는다.

삿된 견해를 가진 죄도 또한 중생들이 세 가지 나쁜 갈래에 떨어지게 한다. 인간에 태어나더라도 두 가지 과보를 받으니, 하나는 삿된 견해를 가진 집에 태어나고 둘은 그 마음이 아첨하고 굽다.'

불자여, 열 가지 선하지 않은 업의 길은 이러한 한량없고 가없는 여러 큰 고통 무더기를 능히 만들어 낸다.

시고　　보살　　작여시념　　아당원리십
是故로 菩薩이 作如是念호대 我當遠離十

불선도　　이십선도　　위법원원　　애락
不善道하고 以十善道로 爲法園苑하야 愛樂

안주　　자주기중　　역권타인　　영주기
安住하야 自住其中하며 亦勸他人하야 令住其

중
中이니라

불자　　차보살마하살　　부어일체중생　　생
佛子야 此菩薩摩訶薩이 復於一切衆生에 生

이익심　　안락심　　자심　　비심　　연민심
利益心과 安樂心과 慈心과 悲心과 憐愍心과

섭수심　　수호심　　자기심　　사심　　대사
攝受心과 守護心과 自己心과 師心과 大師

그러므로 보살이 이와 같이 생각하기를 '나는 마땅히 열 가지 선하지 않은 길을 멀리 여의고 열 가지 선한 길로 법의 동산을 삼아 즐겁고 편안히 머무르면서, 스스로도 그 속에 머무르고 또한 다른 사람도 그 가운데 머무르도록 권하리라.'라고 한다.

불자여, 이 보살마하살이 다시 일체 중생에게 이익하게 하는 마음과, 안락하게 하는 마음과, 자애로운 마음과, 슬퍼하는 마음과, 가엾게 여기는 마음과, 거두어 주는 마음과, 수호하는 마음과, 자기라는 마음과, 스승이라는

심
心하니라

작 시 념 언
作是念言하니라

중생   가민   타어사견   악혜악욕   악도조
衆生이 可愍이라 墮於邪見과 惡慧惡欲과 惡道稠

림   아응영피   주어정견   행진실도
林하나니 我應令彼로 住於正見하야 行眞實道하니라

우 작 시 념
又作是念하니라

일체중생   분별피아   호상파괴   투쟁
一切衆生이 分別彼我하야 互相破壞하며 鬪諍

진한   치연불식   아당영피   주어무상
瞋恨하야 熾然不息하나니 我當令彼로 住於無上

마음과, 큰 스승이라는 마음을 낸다.

이 생각을 하여 말한다.

'중생이 가엾게도 삿된 견해와 나쁜 꾀와 나쁜 욕망과 나쁜 길의 빽빽한 숲에 떨어졌으니, 내가 마땅히 그들로 하여금 바른 견해에 머물러서 진실한 도를 행하게 하리라.'

또 이 생각을 한다.

'일체 중생이 남과 나를 분별하여 서로서로 파괴하고 다투고 성냄이 치성하여 쉬지 아니하니, 내가 마땅히 그들로 하여금 위없는 큰 자애로움 가운데 머무르게 하리

대자지중
大慈之中하나라

우작시념
又作是念하나라

일체중생 탐취무염 유구재리 사명
一切衆生이 貪取無厭이라 唯求財利하야 邪命

자활 아당영피 주어청정신어의업정
自活하나니 我當令彼로 住於淸淨身語意業正

명법중
命法中하나라

우작시념
又作是念하나라

일체중생 상수삼독 종종번뇌 인지치
一切衆生이 常隨三毒하야 種種煩惱가 因之熾

연 불해지구출요방편 아당영피 제
然호대 不解志求出要方便하나니 我當令彼로 除

라.'

또 이 생각을 한다.

'일체 중생이 탐착하는 데 싫어함이 없고 오직 재물의 이익만을 구하며 삿된 생업으로 스스로 살아가니, 내가 마땅히 그들로 하여금 몸과 말과 뜻의 업이 청정하여 바른 생업의 법에 머무르게 하리라.'

또 이 생각을 한다.

'일체 중생이 항상 세 가지 독을 따라서 갖가지 번뇌가 그로 인해 치성하되 벗어날 방편을 구할 줄 알지 못한다. 내가 마땅히 그들로 하여금 일체 번뇌의 큰 불을 끄고 청량한 열

멸 일 체 번 뇌 대 화　　안 치 청 량 열 반 지 처
滅一切煩惱大火하야　安置淸凉涅槃之處하니라

우 작 시 념
又作是念하니라

일 체 중 생　　위 우 치 중 암　　망 견 후 막 지 소 부
一切衆生이　爲愚癡重闇과　妄見厚膜之所覆

고　　입 음 예 조 림　　실 지 혜 광 명　　행 광 야
故로　入陰翳稠林하야　失智慧光明하고　行曠野

험 도　　기 제 악 견　　아 당 영 피　　득 무 장 애
險道하야　起諸惡見하나니　我當令彼로　得無障礙

청 정 지 안　　지 일 체 법 여 실 상　　불 수 타
淸淨智眼하야　知一切法如實相하야　不隨他

교
敎하니라

우 작 시 념
又作是念하니라

반의 자리에 있게 하리라.'

또 이 생각을 한다.

'일체 중생이 어리석음의 두터운 어둠과 허망한 견해의 두꺼운 막에 덮인 바인 까닭으로, 그늘진 빽빽한 숲에 들어가서 지혜의 광명을 잃고 광야의 험한 길을 가면서 모든 악한 견해를 일으킨다. 내가 마땅히 그들로 하여금 장애 없이 청정한 지혜의 눈을 얻어서 일체 법의 실다운 모습을 알고 다른 이의 가르침을 따르지 않게 하리라.'

또 이 생각을 한다.

'일체 중생이 나고 죽는 험한 길에 있으면서

일체중생　　　재어생사험도지중　　　장타지옥
一切衆生이　在於生死險道之中하야　將墮地獄

축생아귀　　　입악견망중　　　위우치조림
畜生餓鬼하며　入惡見網中하야　爲愚癡稠林의

소미　　　수축사도　　　행전도행
所迷하며　隨逐邪道하야　行顚倒行이니라

비여맹인　　　무유도사　　　비출요도　　　위위출
譬如盲人이　無有導師하야　非出要道를　謂爲出

요　　　입마경계　　　악적소섭　　　수순마심
要라하야　入魔境界하야　惡賊所攝으로　隨順魔心하고

원리불의
遠離佛意하나니

아당발출여시험난　　　영주무외일체지성
我當拔出如是險難하야　令住無畏一切智城하니라

우작시념
又作是念하니라

장차 지옥과 축생과 아귀에 떨어지거나 나쁜
견해의 그물에 들어가 어리석음의 빽빽한 숲
에서 길을 잃고 삿된 길을 따라가며 뒤바뀐
행을 행한다.

비유하면 마치 눈먼 사람이 인도하는 사람도
없어서 빠져 나갈 길이 아닌데 빠져 나갈 길이
라 하여 마군의 경계에 들어가 악한 도둑에게
붙들리는 것과 같이, 마군의 마음을 따르고
부처님의 뜻을 멀리 여읜다.

내가 마땅히 이와 같은 험난함에서 구출하
여 두려움 없는 일체 지혜의 성에 머무르게 하
리라.'

일체중생 위대폭수파랑 소몰 입욕류
一切衆生이 爲大瀑水波浪의 所沒하야 入欲流

유류무명류견류 생사회복 애하표
有流無明流見流하야 生死洄澓하며 愛河漂

전 단치분격 불가관찰
轉하며 湍馳奔激하야 不暇觀察하나니라

위욕각에각해각 수축불사 신견나찰
爲欲覺恚覺害覺을 隨逐不捨하며 身見羅刹이

어중집취 장기영입애욕조림 어소탐
於中執取하며 將其永入愛欲稠林하며 於所貪

애 심생염착 주아만원부 안육처취
愛에 深生染著하며 住我慢原阜하며 安六處聚

락 무선구자 무능도자
落하며 無善救者하며 無能度者하나니라

아당어피 기대비심 이제선근 이위
我當於彼에 起大悲心하야 以諸善根으로 而爲

또 이 생각을 한다.

'일체 중생이 큰 폭류의 물결에 휩쓸려서 욕망의 폭류와 존재의 폭류와 무명의 폭류와 견해의 폭류에 들어가 생사에서 소용돌이치고 애욕의 물에 떠다니며 빠르게 달리고 심하게 부딪치느라 관찰할 겨를이 없다.

탐내는 생각과 성내는 생각과 해치는 생각을 따라서 버리지 못하며, 자신의 몸이라는 견해의 나찰에게 붙들려 길이 애욕의 빽빽한 숲으로 끌려들어가 탐스러운 대상에 물든 집착을 깊이 내고, 아만의 언덕에 머무르며 육처의 마을에 안주하게 되어, 잘 구원할 자도 없고 능

구제　　　영무재환　　　이염적정　　　주어일체
救濟하야　令無災患하고　離染寂靜하야　住於一切

지혜보주
智慧寶洲하니라

우작시념
又作是念하니라

일체중생　　　처세뇌옥　　　다제고뇌　　　상회
一切衆生이　處世牢獄하야　多諸苦惱하며　常懷

애증　　　자생우포　　　탐욕중계지소계박
愛憎하며　自生憂怖하며　貪欲重械之所繫縛이며

무명조림　　　이위부장　　　어삼계내　　　막능
無明稠林으로　以爲覆障하야　於三界內에　莫能

자출
自出하나니라

아당영피　　　영리삼유　　　주무장애대열반
我當令彼로　永離三有하야　住無障礙大涅槃

히 제도할 자도 없다.

내가 마땅히 그들에게 대비심을 일으켜 모든 선근으로 구제하여 환난이 없고 물듦을 떠나 적정하여 일체 지혜의 보배 땅에 머무르게 하리라.'

또 이 생각을 한다.

'일체 중생이 세상의 감옥에 있으면서 온갖 고통이 많고, 항상 사랑하고 미워함을 품어 스스로 걱정과 두려움을 내며, 탐욕의 무거운 형틀에 묶이고 무명의 빽빽한 숲에 뒤덮여 삼계에서 능히 스스로 벗어나지 못한다.

내가 마땅히 그들로 하여금 길이 삼유를 여

중
中하니라

우 작 시 념
又作是念하니라

일 체 중 생   집 착 어 아   어 제 온 굴 택   불 구
一切衆生이 執著於我하야 於諸蘊窟宅에 不求

출 리   의 육 처 공 취   기 사 전 도 행   위 사
出離하며 依六處空聚하며 起四顚倒行하며 爲四

대 독 사 지 소 침 뇌   오 온 원 적 지 소 살 해   수
大毒蛇之所侵惱와 五蘊怨賊之所殺害하야 受

무 량 고
無量苦하나니라

아 당 영 피   주 어 최 승 무 소 착 처   소 위 멸
我當令彼로 住於最勝無所著處호리니 所謂滅

일 체 장 애   무 상 열 반
一切障礙하고 無上涅槃이니라

의고 장애 없는 대열반에 머무르게 하리라.'

또 이 생각을 한다.

'일체 중생이 나라는 데 집착하여 모든 온의 소굴에서 벗어나기를 구하지 않고, 육처의 텅 빈 마을을 의지하여 네 가지 전도된 행을 일으키며, 사대의 독사에게 시달리는 바가 되고, 오온이라는 원수에게 살해를 당하면서, 한량 없는 고통을 받는다.

내가 마땅히 그들로 하여금 가장 수승하고 집착하는 바가 없는 곳에 머무르게 하리니, 이른바 일체 장애가 없어진 위없는 열반이다.'

우작시념　　일체중생　　기심협렬　　불행
又作是念호대 一切衆生이 其心狹劣하야 不行

최상일체지도　　수욕출리　　단락성문벽지
最上一切智道하며 雖欲出離나 但樂聲聞辟支

불승　　아당영주광대불법　　광대지혜
佛乘하나니 我當令住廣大佛法과 廣大智慧케호리라

불자　보살　어시호지어계　　선능증장자
佛子야 菩薩이 如是護持於戒하야 善能增長慈

비지심
悲之心이니라

불자　보살　주차이구지　이원력고　득견
佛子야 菩薩이 住此離垢地에 以願力故로 得見

또 이 생각을 하기를 '일체 중생이 그 마음이 비좁고 용렬하여 가장 높은 일체지의 도를 행하지 못하며, 비록 벗어나려 하여도 다만 성문승과 벽지불승만 좋아한다. 내가 마땅히 광대한 부처님의 법과 광대한 지혜에 머무르게 하리라.'라고 한다.

불자여, 보살이 이와 같이 계를 보호하여 지니어 자비의 마음을 잘 능히 증장한다.

불자여, 보살이 이 이구지에 머물러 원력으로 많은 부처님을 친견한다. 이른바 많은 백

다불　　소위견다백불　　다천불　　다백천불
多佛호대 **所謂見多百佛**과 **多千佛**과 **多百千佛**과

다억불　　다백억불　　다천억불　　다백천억
多億佛과 **多百億佛**과 **多千億佛**과 **多百千億**

불　　여시내지견다백천억나유타불
佛하며 **如是乃至見多百千億那由他佛**하니라

어제불소　　이광대심심심　　　공경존중
於諸佛所에 **以廣大心深心**으로 **恭敬尊重**하고

승사공양　　의복음식　　와구의약　　일체자
承事供養하야 **衣服飮食**과 **臥具醫藥**과 **一切資**

생　　실이봉시
生을 **悉以奉施**하니라

역이공양일체중승　　이차선근　　회향아
亦以供養一切衆僧하야 **以此善根**으로 **迴向阿**

뇩다라삼먁삼보리
耨多羅三藐三菩提하니라

부처님과 많은 천 부처님과 많은 백천 부처님과 많은 억 부처님과 많은 백억 부처님과 많은 천억 부처님과 많은 백천억 부처님을 친견하며, 이와 같이 내지 많은 백천억 나유타 부처님을 친견한다.

모든 부처님 처소에서 광대한 마음과 깊은 마음으로 공경하고 존중하며 받들어 섬기고 공양올린다. 의복과 음식과 와구와 의약과 일체 살림을 모두 받들어 보시한다.

또한 일체 스님들에게도 공양하며, 이 선근으로 아뇩다라삼먁삼보리에 회향한다.

모든 부처님 처소에서 존중하는 마음으로 다

어제불소　이존중심　　부갱수행십선도
於諸佛所에 以尊重心으로 復更受行十善道

법　　수기소수　내지보리　종불망실
法하며 隨其所受하야 乃至菩提를 終不忘失이니라

시보살　어무량백천억나유타겁　원리간
是菩薩이 於無量百千億那由他劫에 遠離慳

질 파계구고　보시지계　청정만족
嫉破戒垢故로 布施持戒가 淸淨滿足이니라

비여진금　치반석중　　여법연이　이일체
譬如眞金을 置礬石中하야 如法鍊已에 離一切

구　　전부명정
垢하고 轉復明淨인달하니라

보살　주차이구지　역부여시　　어무량
菩薩이 住此離垢地도 亦復如是하야 於無量

백천억나유타겁　원리간질파계구고　보
百千億那由他劫에 遠離慳嫉破戒垢故로 布

시 열 가지 선한 길의 법을 받아 행하며, 그 받은 것을 따르고 내지 보리를 마침내 잊지 아니한다.

이 보살이 한량없는 백천억 나유타 겁 동안 인색하고 미워하고 파계한 허물을 멀리 여읜 까닭으로, 보시하고 계를 지님이 청정하고 만족하다.

비유하면 마치 진금을 명반석 가운데에 넣고 법대로 연단하면 일체 불순물이 없어지고 점점 더 밝고 깨끗해지는 것과 같다.

보살이 이 이구지에 머무르는 것도 또한 이와 같아서, 한량없는 백천억 나유타 겁 동안

시지계 청정만족
施持戒가 淸淨滿足이니라

불자 차보살 사섭법중 애어편다 십바
佛子야 此菩薩이 四攝法中엔 愛語偏多요 十波

라밀중 지계편다 여비불행 단수력
羅蜜中엔 持戒偏多니 餘非不行이로대 但隨力

수분
隨分이니라

불자 시명약설보살마하살 제이이구
佛子야 是名略說菩薩摩訶薩의 第二離垢

지
地니라

보살 주차지 다작전륜성왕 위대법
菩薩이 住此地에 多作轉輪聖王하야 爲大法

인색하고 미워하고 파계한 허물을 멀리 여읜 까닭으로 보시하고 계를 지님이 청정하고 만족하다.

불자여, 이 보살이 사섭법 중에서는 사랑스러운 말이 치우쳐 많고, 십바라밀 중에서는 지계가 치우쳐 많다. 다른 것을 행하지 않는 것은 아니나, 다만 힘을 따르고 분한을 따를 뿐이다.

불자여, 이것을 이름하여 보살마하살의 제2 이구지를 간략히 설한다고 한다.

보살이 이 이구지에 머물러서는 많이 전륜성

주　　구족칠보　　유자재력　　능제일체중
主하야 具足七寶하고 有自在力하야 能除一切衆

생　　간탐파계구　　이선방편　　영기안주
生의 慳貪破戒垢하고 以善方便으로 令其安住

십선도중
十善道中하니라

위대시주　　주급무진　　보시애어이행동
爲大施主하야 周給無盡하며 布施愛語利行同

사
事니라

여시일체제소작업　　개불리염불　　불리염
如是一切諸所作業이 皆不離念佛하고 不離念

법　　불리염승　　내지불리염구족일체종
法하고 不離念僧하며 乃至不離念具足一切種과

일체지지
一切智智니라

왕이 되고 큰 법주가 되어 칠보를 구족하고 자재한 힘이 있어서, 일체 중생의 인색하고 탐하고 파계한 허물을 능히 없애고 좋은 방편으로써 그들로 하여금 열 가지 선한 길에 머무르게 한다.

큰 시주가 되어 두루 주는 일이 끝이 없으며, 보시하고 사랑스러운 말을 하고 이익하게 하고 일을 같이 한다.

이와 같은 일체 모든 짓는 바 업이 모두 부처님을 생각함을 여의지 아니하며, 법을 생각함을 여의지 아니하며, 스님을 생각함을 여의지 아니하며, 내지 일체종과 일체지의 지혜 구족

우작시념
又作是念하니라

아 당 어 일 체 중 생 중　위수　위승　위수
我當於一切衆生中에 **爲首**며 **爲勝**이며 **爲殊**

승　위묘　위미묘　위상　위무상　내
勝이며 **爲妙**며 **爲微妙**며 **爲上**이며 **爲無上**이며 **乃**

지 위 일 체 지 지 의 지 자
至爲一切智智依止者라하나니라

시보살　약욕사가　어불법중　근행정
是菩薩이 **若欲捨家**하고 **於佛法中**에 **勤行精**

진　변능사가처자오욕　기출가이　근
進인댄 **便能捨家妻子五欲**하고 **旣出家已**에 **勤**

행정진　어일념경　득천삼매　득견천
行精進하야 **於一念頃**에 **得千三昧**하며 **得見千**

하기를 생각함을 여의지 않는다.

또 이 생각을 한다.

'내가 마땅히 일체 중생들 가운데 상수가 되고, 수승한 이가 되고, 특히 수승한 이가 되고, 묘한 이가 되고, 미묘한 이가 되고, 높은 이가 되고, 위없는 이가 되고, 내지 일체지의 지혜에 의지하는 자가 될 것이다.'

이 보살이 만약 집을 버리고 불법 가운데서 부지런히 정진을 행하려 하면, 문득 집과 처자와 오욕을 능히 버린다. 이미 출가하고는 부지런히 정진을 행하여 한 생각 사이에 천 삼매

불　　지천불신력　　능동천세계　　내지능
佛하며 知千佛神力하야 能動千世界하며 乃至能

시현천신　　어일일신　　능시현천보살　　이
示現千身하고 於一一身에 能示現千菩薩로 以

위권속
爲眷屬이니라

약이보살수승원력　　자재시현　　과어시
若以菩薩殊勝願力으로 自在示現인댄 過於是

수　　백겁천겁　　내지백천억나유타겁
數하야 百劫千劫과 乃至百千億那由他劫에도

불능수지
不能數知니라

를 얻고, 천 부처님을 친견하고, 천 부처님의 위신력을 알아서, 천 세계를 능히 진동하며, 내지 천 가지 몸을 나타내 보이고, 낱낱 몸에 능히 천 보살을 나타내 보이고 권속을 삼는다.

만일 보살의 수승한 원력으로 자재하게 나타내 보이면 이 수를 넘어서니, 백 겁과 천 겁과 내지 백천억 나유타 겁에도 능히 세어서 알 수 없다.”

이시   금강장보살   욕중선기의   이설송왈
爾時에 金剛藏菩薩이 欲重宣其義하사 而說頌曰

질직유연급감능   조복적정여순선
質直柔輭及堪能과   調伏寂靜與純善과

속출생사광대 의   이차십심입이지
速出生死廣大意여   以此十心入二地로다

주차성취계공덕   원리살생불뇌해
住此成就戒功德하야   遠離殺生不惱害하며

역리투도급사음   망악괴리무의어
亦離偸盜及邪婬과   妄惡乖離無義語로다

이때에 금강장 보살이 그 뜻을 거듭 펴려고
게송을 설하여 말씀하였다.

정직하고 부드럽고 참을성 있고
조복하고 적정하고 순일하게 선하고
생사를 속히 벗어나는 넓고 큰 마음이여,
이 열 가지 마음으로 이구지에 들도다.

여기에 머물러 계의 공덕을 성취하여
살생을 멀리 여의고 해치지 않으며
또한 도둑질과 삿된 음행과 거짓말과 악한 말과
이간하는 말과 뜻 없는 말을 여의도다.

불탐재물상자민
不貪財物常慈愍하며

정도직심무첨위
正道直心無諂僞하며

이험사만극조유
離險捨慢極調柔하야

의교이행불방일
依敎而行不放逸이로다

지옥축생수중고
地獄畜生受衆苦와

아귀소연출맹염
餓鬼燒然出猛燄이

일체개유죄소치
一切皆由罪所致니

아당이피주실법
我當離彼住實法이로다

인중수의득수생
人中隨意得受生과

내지정천선정락
乃至頂天禪定樂과

독각성문불승도
獨覺聲聞佛乘道가

개인십선이성취
皆因十善而成就니

재물을 탐하지 않고 늘 자비로우며

바른 도와 곧은 마음이고 아첨과 거짓이 없으며

험악함과 교만 버려 조화롭고 부드러우며

가르침을 의지하여 행하고 방일하지 않도다.

지옥과 축생이 온갖 고통을 받고

아귀는 불에 타서 맹렬한 불꽃을 냄이

일체가 다 죄로 생기는 바이니

내 마땅히 저를 떠나고 진실한 법에 머무르리라.

인간에 뜻 따라 태어남과

내지 유정천의 선정의 낙과

독각이나 성문이나 부처 되는 길이

모두 열 가지 선을 인하여 성취되도다.

여시사유불방일
如是思惟不放逸하야

자지정계교타호
自持淨戒敎他護하며

부견군생수중고
復見群生受衆苦하고

전갱증익대비심
轉更增益大悲心이로다

범우사지부정해
凡愚邪智不正解하야

상회분한다쟁송
常懷忿恨多諍訟하며

탐구경계무족기
貪求境界無足期하니

아응영피제삼독
我應令彼除三毒이로다

우치대암소전부
愚癡大暗所纏覆로

입대험도사견망
入大險道邪見網하며

생사농함원소구
生死籠檻怨所拘니

아응영피최마적
我應令彼摧魔賊이로다

이와 같이 사유하고 방일하지 아니하여
스스로 청정한 계를 지니고 남도 보호하며
다시 중생이 온갖 고통받음을 보고
점점 더 대비심을 증장하도다.

범부는 삿된 지혜로 바르게 이해하지 못하여
항상 분노를 품고 많이 싸우고 다투며
경계를 탐하느라 만족할 기약이 없으니
내 마땅히 그들이 삼독을 제거하게 하리라.

어리석음의 큰 어둠에 덮인 바 되어
크게 험한 길과 삿된 견해의 그물에 들어가
생사의 우리 속에 구속됨을 원망하고 있으니
내 마땅히 그들이 마군인 적을 꺾게 하리라.

사류표탕심몰닉
四流漂蕩心沒溺하며

삼계분여고무량
三界焚如苦無量하며

계온위택아재중
計蘊爲宅我在中하니

위욕도피근행도
爲欲度彼勤行道로다

설구출리심하열
設求出離心下劣하야

사어최상불지혜
捨於最上佛智慧일새

아욕영피주대승
我欲令彼住大乘하야

발근정진무염족
發勤精進無厭足이로다

보살주차집공덕
菩薩住此集功德하야

견무량불함공양
見無量佛咸供養하고

억겁수치선갱명
億劫修治善更明하니

여이호약연진금
如以好藥鍊眞金이로다

네 폭류에 표류하며 마음이 잠기고
삼계가 불타는 듯 고통이 한량없어
오온을 헤아려 집을 삼아 '나'를 거기에 두니
그들을 제도하려고 부지런히 도를 행하도다.

설령 벗어나기를 구하여도 마음이 하열하여
가장 높은 부처님 지혜를 버리니
내가 그들이 대승에 머무르게 하려고
부지런히 정진하여 만족해 싫어함이 없도다.

보살이 여기에 머물러 공덕을 모아
한량없는 부처님을 친견하고 다 공양올리며
억겁에 선을 닦아 다스려 더욱 밝아지니
좋은 약으로 진금을 연단하는 듯하도다.

불자주차작륜왕
佛子住此作輪王하야

보화중생행십선
普化衆生行十善하고

소유선법개수습
所有善法皆修習하니

위성십력구어세
爲成十力救於世로다

욕사왕위급재보
欲捨王位及財寶하야

즉기거가의불교
即棄居家依佛教라

용맹정근일념중
勇猛精勤一念中에

획천삼매견천불
獲千三昧見千佛이로다

소유종종신통력
所有種種神通力을

차지보살개능현
此地菩薩皆能現이나

원력소작부과차
願力所作復過此하야

무량자재도군생
無量自在度群生이로다

불자가 여기에 머무르면 전륜왕이 되어
중생들을 널리 교화하여 십선을 행하고
있는 바 선한 법을 모두 닦아 익히어
십력을 이루어서 세상을 구제하도다.

왕위와 재물 보화를 버리고
곧 살던 집을 떠나 부처님 가르침에 귀의하여
용맹하게 정진하며 한 생각 동안에
일천 삼매 얻고서 천 부처님을 친견하도다.

있는 바 갖가지 신통의 힘을
이 지위의 보살이 모두 능히 나타내며
원력으로 짓는 일이 다시 이것을 지나
한량없이 자재하게 중생들을 제도하도다.

일체세간이익자
一切世間利益者의

소수보살최승행
所修菩薩最勝行인

여시제이지공덕
如是第二地功德을

위제불자이개연
爲諸佛子已開演이로다

일체 세간을 이익하게 하는 자가

닦는 바 보살의 가장 수승한 행인

이와 같은 제2지의 공덕을

모든 불자들을 위해 이미 연설하였도다.

제 삼 지
第三地

불 자 득 문 차 지 행　　보 살 경 계 난 사 의
佛子得聞此地行하니　**菩薩境界難思議**라

미 불 공 경 심 환 희　　산 화 공 중 위 공 양
靡不恭敬心歡喜하야　**散華空中爲供養**이로다

찬 언 선 재 대 산 왕　　자 심 민 념 제 중 생
讚言善哉大山王이여　**慈心愍念諸衆生**하사

선 설 지 자 율 의 법　　제 이 지 중 지 행 상
善說智者律儀法인　**第二地中之行相**이로다

제3지

불자들이 이 지위의 행을 들으니
보살의 경계가 사의하기 어려워
공경하지 않음이 없고 마음이 환희하여
공중에 꽃을 뿌려 공양하며

찬탄해 말하였다. "훌륭합니다, 큰 산왕이여,
자애로운 마음으로 모든 중생들을 가엾게 여겨
지혜 있는 자의 계율과 위의의 법인
제2지의 행상을 잘 설하였습니다.

시제보살미묘행
是諸菩薩微妙行이

진실무이무차별
眞實無異無差別하니

위욕이익제군생
爲欲利益諸群生하야

여시연설최청정
如是演說最淸淨이로다

일체인천공양자
一切人天供養者여

원위연설제삼지
願爲演說第三地하소서

여법상응제지업
與法相應諸智業을

여기경계희구천
如其境界希具闡하노이다

대선소유시계법
大仙所有施戒法과

인욕정진선지혜
忍辱精進禪智慧와

급이방편자비도
及以方便慈悲道와

불청정행원개설
佛淸淨行願皆說하소서

이 모든 보살들의 미묘한 행은
진실하고 다름이 없고 차별도 없어
모든 중생들을 이익케 하기 위함이니
이와 같이 가장 청정함을 연설하였습니다.

일체 인간과 천신의 공양을 받는 자여,
원컨대 제3지를 연설하소서.
법과 상응하는 모든 지혜의 업을
그 경계와 같게 다 밝히기를 바랍니다.

큰 선인이 지닌 보시와 계법과
인욕과 정진과 선정과 지혜와
그리고 방편과 자비의 도와
부처님의 청정한 행을 원컨대 다 설하소서."

시해탈월부청언
時解脫月復請言호대

무외대사금강장
無畏大士金剛藏하

원설취입제삼지
願說趣入第三地하는

유화심자제공덕
柔和心者諸功德하소서

이시　금강장보살　고해탈월보살언
爾時에 金剛藏菩薩이 告解脫月菩薩言하사대

불자　보살마하살　이정제이지　욕입제
佛子야 菩薩摩訶薩이 已淨第二地하고 欲入第

삼지　당기십종심심
三地인댄 當起十種深心이니라

하등　위십
何等이 爲十고

그때에 해탈월이 다시 청하여 말씀하였다.

"두려움 없는 대사, 금강장이여,

원컨대 제3지에 들어가는

부드러운 마음 지닌 자의 모든 공덕을 연설하소서."

이때에 금강장 보살이 해탈월 보살에게 말씀하였다.

"불자여, 보살마하살이 이미 제2지를 깨끗이 하고 제3지에 들어가려 한다면 마땅히 열 가지 깊은 마음을 일으켜야 한다.

무엇이 열인가?

이른바 청정한 마음과, 편안히 머무르는 마

소위청정심   안주심   염사심   이탐심   불
所謂淸淨心과 安住心과 厭捨心과 離貪心과 不

퇴심   견고심   명성심   용맹심   광심   대
退心과 堅固心과 明盛心과 勇猛心과 廣心과 大

심   보살   이시십심   득입제삼지
心이니 菩薩이 以是十心으로 得入第三地니라

불자   보살마하살   주제삼지이   관일체유
佛子야 菩薩摩訶薩이 住第三地已에 觀一切有

위법   여실상
爲法의 如實相하나니라

소위무상   고   부정   불안은   패괴   불구
所謂無常과 苦와 不淨과 不安隱과 敗壞와 不久

음과, 싫어서 버리는 마음과, 탐욕을 여의는
마음과, 물러나지 않는 마음과, 견고한 마음
과, 밝고 성대한 마음과, 용맹한 마음과, 넓은
마음과, 큰 마음이다. 보살이 이 열 가지 마음
으로 제3지에 들어간다.

불자여, 보살마하살이 제3지에 머무르고는
일체 유위법의 여실한 모양을 관찰한다.
이른바 무상하고, 괴롭고, 청정하지 않고, 편
안하지 않고, 무너지고, 오래 머무르지 못하
고, 찰나에 생멸하고, 과거에 생겨난 것도 아

주   찰나생멸   비종전제생   비향후제거
住와 刹那生滅과 非從前際生과 非向後際去와

비어현재주
非於現在住니라

우관차법   무구무의   여우여비   고뇌
又觀此法이 無救無依하며 與憂與悲하며 苦惱

동주   애증소계   수척전다   무유정
同住하며 愛憎所繫며 愁慼轉多하며 無有停

적   탐에치화   치연불식   중환소전
積하며 貪恚癡火가 熾然不息하며 衆患所纏으로

일야증장   여환불실
日夜增長하며 如幻不實하니라

니고, 미래로 가는 것도 아니고, 현재에 머무르는 것도 아니다.

또 이 법이 구제할 이 없고, 의지할 데 없으며, 근심과 함께하고, 슬픔과 함께하며, 고뇌와 함께 머무르고, 사랑과 미움에 얽매이며, 시름과 걱정이 점차 많아지고, 정지해 있지 않으며, 탐욕과 성냄과 어리석음의 불이 치성하여 쉬지 아니하고, 온갖 근심에 얽매여 밤낮으로 늘어나며, 환과 같아서 진실하지 아니함을 관찰한다.

견여시이　　　어일체유위　　배증염리　　취
見如是已하야는 於一切有爲에 倍增厭離하야 趣

불지혜
佛智慧하나라

견불지혜　　불가사의　　무등무량　　난득무
見佛智慧가 不可思議며 無等無量이며 難得無

잡　　　　무뇌무우　　지무외성　　　불부퇴환
雜이며 無惱無憂며 至無畏城하야 不復退還이며

능구무량고난중생
能救無量苦難衆生이니라

보살　　여시견여래지혜　　무량이익　　　견일
菩薩이 如是見如來智慧의 無量利益하며 見一

체유위　　무량과환　　　즉어일체중생　　생십
切有爲의 無量過患하고 則於一切衆生에 生十

이와 같이 보고는 일체 유위에 대해 싫어하여 떠남이 배로 늘어서 부처님의 지혜로 나아간다.

부처님의 지혜는 불가사의하며, 동등함이 없고 한량이 없으며, 얻기 어렵고 잡됨이 없으며, 고뇌가 없고 근심이 없으며, 두려움이 없는 성에 이르러 다시는 물러나지 않으며, 한량 없는 고통으로 어려운 중생들을 능히 구제함을 본다.

보살이 이와 같이 여래 지혜의 한량없는 이익을 보고, 일체 유위의 한량없는 허물과 근심을 보고 곧 일체 중생에게 열 가지의 불쌍

종애민심
種哀愍心하나니라

하등 위십
何等이 爲十고

소위견제중생 고독무의 생애민심
所謂見諸衆生의 孤獨無依하고 生哀愍心하며

견제중생 빈궁곤핍 생애민심 견제
見諸衆生의 貧窮困乏하고 生哀愍心하며 見諸

중생 삼독화연 생애민심
衆生의 三毒火然하고 生哀愍心하나라

견제중생 제유뇌옥지소금폐 생애민
見諸衆生이 諸有牢獄之所禁閉하고 生哀愍

심 견제중생 번뇌조림 항소부장 생
心하며 見諸衆生이 煩惱稠林의 恒所覆障하고 生

애민심 견제중생 불선관찰 생애민
哀愍心하며 見諸衆生의 不善觀察하고 生哀愍

히 여기는 마음을 낸다.

무엇이 열인가?

이른바 모든 중생들이 고독하여 의지할 데 없음을 보고 불쌍히 여기는 마음을 내며, 모든 중생들이 빈궁하여 곤핍함을 보고 불쌍히 여기는 마음을 내며, 모든 중생들이 삼독의 불에 타는 것을 보고 불쌍히 여기는 마음을 낸다.

모든 중생들이 모든 존재의 옥에 갇혀 있음을 보고 불쌍히 여기는 마음을 내며, 모든 중생들이 번뇌의 **빽빽한** 숲에 항상 뒤덮여 장애됨을 보고 불쌍히 여기는 마음을 내며, 모든 중생들이 잘 살펴보지 못함을 보고 불쌍히 여

심
心하니라

견제중생　　무선법욕　　생애민심　　견제
見諸衆生의 無善法欲하고 生哀愍心하며 見諸

중생　　실제불법　　생애민심
衆生의 失諸佛法하고 生哀愍心하니라

견제중생　　수생사류　　생애민심　　견제
見諸衆生의 隨生死流하고 生哀愍心하며 見諸

중생　　실해탈방편　　생애민심　　시위
衆生의 失解脫方便하고 生哀愍心이니 是爲

십
十이니라

기는 마음을 낸다.

모든 중생들이 선한 법에 욕망이 없음을 보고 불쌍히 여기는 마음을 내며, 모든 중생들이 모든 부처님 법을 잃어버림을 보고 불쌍히 여기는 마음을 낸다.

모든 중생들이 생사의 흐름을 따르는 것을 보고 불쌍히 여기는 마음을 내며, 모든 중생들이 해탈하는 방편을 잃어버림을 보고 불쌍히 여기는 마음을 낸다. 이것이 열 가지이다.

보살 여시견중생계 무량고뇌 발대정
菩薩이 如是見衆生界의 無量苦惱하고 發大精

진 작시념언
進하야 作是念言하니라

차등중생 아응구 아응탈 아응정 아
此等衆生을 我應救며 我應脫이며 我應淨이며 我

응도 응착선처 응령안주 응령환희 응
應度며 應著善處며 應令安住며 應令歡喜며 應

령지견 응령조복 응령열반
令知見이며 應令調伏이며 應令涅槃이라하나니라

보살 여시염리일체유위 여시민념일체
菩薩이 如是厭離一切有爲하며 如是愍念一切

중생 지일체지지 유승이익 욕의여
衆生하며 知一切智智가 有勝利益하고 欲依如

래지혜 구도중생
來智慧하야 救度衆生이니라

보살이 이와 같이 중생계의 한량없는 고뇌를 보고 크게 정진함을 내어서 이렇게 생각하여 말한다.

'이 중생들을 내가 마땅히 구호하고, 내가 마땅히 해탈케 하고, 내가 마땅히 청정하게 하고, 내가 마땅히 제도하고, 마땅히 선한 곳에 두고, 마땅히 편안히 머무르게 하고, 마땅히 환희하게 하고, 마땅히 알고 보게 하고, 마땅히 조복하게 하고, 마땅히 열반케 하리라.'

보살이 이와 같이 일체 유위를 싫어해 떠나고, 이와 같이 일체 중생을 불쌍히 생각하고, 일체지의 지혜가 수승한 이익이 있음을 알고서 여래

작시사유　　차제중생　　타재번뇌대고지
作是思惟호대 此諸衆生이 墮在煩惱大苦之

중　　이하방편　　이능발제　　영주구경열
中하니 以何方便으로 而能拔濟하야 令住究竟涅

반지락
槃之樂하니라

변작시념
便作是念하니라

욕도중생　　영주열반　　불리무장애해탈
欲度衆生하야 令住涅槃인댄 不離無障礙解脫

지
智니라

무장애해탈지　　불리일체법여실각　　일체
無障礙解脫智는 不離一切法如實覺이며 一切

법여실각　　불리무행무생행혜광　　무행무
法如實覺은 不離無行無生行慧光이며 無行無

의 지혜에 의지하여 중생을 건져 제도하려 한다.

이렇게 사유하기를 '이 모든 중생들이 번뇌와 큰 고통 속에 빠졌으니, 무슨 방편으로 능히 구제하여 구경 열반의 즐거움에 머무르게 할 수 있을까?'라고 한다.

문득 이 생각도 한다.

'중생을 제도하여 열반에 머무르게 하려면 장애가 없는 해탈 지혜를 여의지 않아야 한다.

장애가 없는 해탈 지혜는 일체 법을 사실대로 깨달음을 여의지 않으며, 일체 법을 사실대로 깨달음은 행함도 없고 생겨남도 없는 행의

생행혜광　　불리선선교결정관찰지　　선선
生行慧光은 不離禪善巧決定觀察智며 禪善

교결정관찰지　　불리선교다문
巧決定觀察智는 不離善巧多聞이니라

보살　　여시관찰요지이　　배어정법　근구
菩薩이 如是觀察了知已하고 倍於正法에 勤求

수습
修習하니라

일야　　유원문법　　희법　　낙법　　의법
日夜에 唯願聞法하며 喜法하며 樂法하며 依法하며

수법　　해법　　순법　　도법　　주법　　행
隨法하며 解法하며 順法하며 到法하며 住法하며 行

법
法이니라

지혜 광명을 여의지 않으며, 행함도 없고 생겨
남도 없는 행의 지혜 광명은 선정의 공교하고
결정하게 관찰하는 지혜를 여의지 않으며, 선
정의 공교하고 결정하게 관찰하는 지혜는 공교
하게 많이 들음을 여의지 않는다.'

보살이 이와 같이 관찰하여 알고는 바른 법
을 배로 부지런히 구하고 닦아 익힌다.

밤낮으로 오직 법을 듣고, 법을 기뻐하고, 법
을 좋아하고, 법을 의지하고, 법을 따르고, 법
을 이해하고, 법에 순종하고, 법에 이르고, 법
에 머무르고, 법을 행하기를 원한다.

보살　여시근구불법　소유진재　개무인
菩薩이 如是勤求佛法호대 所有珍財를 皆無吝

석　　불견유물　난득가중　단어능설불
惜하야 不見有物이 難得可重이요 但於能說佛

법지인　생난조상
法之人에 生難遭想하나니라

시고　보살　어내외재　위구불법　실능
是故로 菩薩이 於內外財에 爲求佛法하야 悉能

사시　무유공경　이불능행　무유교
捨施호대 無有恭敬을 而不能行하며 無有憍

만　이불능사　무유승사　이불능작
慢을 而不能捨하며 無有承事를 而不能作하며

무유근고　이불능수
無有勤苦를 而不能受니라

보살이 이와 같이 불법을 부지런히 구하면서 가진 재물을 모두 아끼지 않으며, 어떤 물건도 얻기 어렵고 소중함을 보지 않으며, 다만 불법을 능히 설하는 사람을 만나기 어렵다는 생각만 낸다.

그러므로 보살이 안팎의 재물을 불법을 구하기 위하여 모두 능히 버리며, 어떤 공경도 행하지 못하는 것이 없고, 어떤 교만도 버리지 못하는 것이 없고, 어떤 받들어 섬김도 행하지 못하는 것이 없고, 어떤 고생도 받지 못하는 것이 없다.

약문일구미증문법　　생대환희　　승득삼천
若聞一句未曾聞法하며 生大歡喜를 勝得三千

대천세계만중진보
大千世界滿中珍寶하니라

약문일게미문정법　　생대환희　　승득전륜
若聞一偈未聞正法하면 生大歡喜를 勝得轉輪

성왕위　　약득일게미증문법　　능정보살
聖王位하며 若得一偈未曾聞法이 能淨菩薩

행　　승득제석범왕위　　주무량백천겁
行하면 勝得帝釋梵王位하야 住無量百千劫하니라

약유인　　언　　아유일구불소설법　　능정
若有人이 言호대 我有一句佛所說法이 能淨

보살행　　여금약능입대화갱　　수극대
菩薩行이니 汝今若能入大火阬하야 受極大

만약 일찍이 듣지 못했던 법을 한 구절만 들어도 크게 환희하여 삼천대천세계에 가득한 보배를 얻은 것보다 수승하게 여긴다.

만약 듣지 못했던 바른 법을 한 게송만 들어도 크게 환희하여 전륜성왕의 지위를 얻은 것보다 수승하게 여기며, 만약 일찍이 듣지 못했던 법을 한 게송만 얻어도 능히 보살행을 청정히 하여 제석이나 범왕의 지위를 얻어 한량없는 백천 겁을 지내는 것보다 수승하게 여긴다.

만약 어떤 사람이 말하기를, '나에게 부처님께서 설하신 한 구절의 법이 있어 보살행을 청

고　　　당이상여　　　보살　이시　　작여시
苦인댄 當以相與라하면 菩薩이 爾時에 作如是

념
念하니라

아이일구불소설법　　정보살행고　　가사
我以一句佛所說法이 淨菩薩行故로 假使

삼천대천세계　　대화만중　　　상욕종어범
三千大千世界에 大火滿中이라도 尙欲從於梵

천지상　　　투신이하　　　친자수취　　황소화
天之上하야 投身而下하야 親自受取어든 況小火

갱　　이불능입
阬에 而不能入가

연아금자　　위구불법　　　응수일체지옥중
然我今者에 爲求佛法하야 應受一切地獄衆

고　　　하황인중　　제소고뇌
苦어든 何況人中에 諸小苦惱라하니라

정하게 할 수 있으니, 그대가 지금 만약 큰 불구덩이에 들어가 극심한 큰 고통을 받을 수 있다면 마땅히 일러주리라.'라고 한다면, 보살이 그때에 이와 같이 생각한다.

'내가 부처님께서 설하신 한 구절의 법으로써 보살행을 청정하게 하는 까닭으로, 가령 삼천대천세계에 큰 불이 가득하더라도 오히려 범천의 위에서 몸을 던져 떨어져서 몸소 스스로 받을 터인데 하물며 조그만 불구덩이에 능히 들어가지 못하겠는가?

그러니 내가 지금 불법을 구하기 위해서는 일체 지옥의 온갖 고통도 마땅히 받을 것인데, 어

보살　여시발근정진　구어불법　여기
菩薩이 如是發勤精進하야 求於佛法호대 如其

소문　관찰수행
所聞하야 觀察修行이니라

차보살　득문법이　섭심안주　어공한
此菩薩이 得聞法已하고 攝心安住하야 於空閑

처　작시사유　여설수행　내득불법
處에 作是思惟하야 如說修行하야 乃得佛法이니

비단구언　이가청정
非但口言으로 而可淸淨이니라

불자　시보살　주차발광지시　즉이욕악
佛子야 是菩薩이 住此發光地時에 即離欲惡

찌 하물며 인간의 여러 조그만 고뇌이겠는가?'

보살이 이와 같이 부지런히 정진하여 불법을 구하되, 들은 대로 관찰하고 수행한다.

이 보살이 법을 듣고는 마음을 거두어 편안히 머물러 텅 비고 한가한 곳에서 이 생각을 하기를, '말한 대로 행을 닦아야 이에 부처님 법을 얻으리니, 단지 입으로 말만 해서는 청정할 수 없다.'라고 한다.

불자여, 이 보살이 이 발광지에 머무를 때에 곧 욕심과 악하고 선하지 못한 법을 여의어, 거

불선법　　유각유관　　　이생희락　　　주초
不善法하고 有覺有觀하야 離生喜樂하야 住初

선
禪하니라

멸각관　　　내정일심　　　무각무관　　　정생희
滅覺觀하고 內淨一心이라 無覺無觀하야 定生喜

락　　주제이선
樂하야 住第二禪하니라

이희　　　주사　　　유념　　　정지　　　신수락
離喜하야 住捨하며 有念하며 正知하야 身受樂하나니

제 성 소 설　　　능 사 유 념 수 락　　　주 제 삼
諸聖所說로 能捨有念受樂하야 住第三

선
禪하니라

단락　　　선제고희우멸　　　불고불락　　　사념
斷樂하야 先除苦喜憂滅하고 不苦不樂하야 捨念

친 생각도 있고 미세한 생각도 있으나 여읨으로써 기쁨과 즐거움을 내어 초선에 머무른다.

거친 생각과 미세한 생각을 없애고 안으로 한 마음을 깨끗이 하여, 거친 생각도 없고 미세한 생각도 없으며 선정으로써 기쁨과 즐거움을 내어 제2선에 머무른다.

기쁨을 여의고 버림에 머무르며 정념이 있으며 바르게 알아서, 몸으로 즐거움을 받으니 모든 성인들이 설한 바로 능히 버리고 정념이 있고 즐거움을 받아 제3선에 머무른다.

즐거움을 끊어 먼저 고통과 기쁨과 근심을 제거하여 없애서, 괴롭지도 않고 즐겁지도 않

청정　　주제사선
清淨_{하야} 住第四禪_{하나니라}

초일체색상　　멸유대상　　불념종종상
超一切色想_{하며} 滅有對想_{하며} 不念種種想_{하고}

입무변허공　　주허공무변처
入無邊虛空_{하야} 住虛空無邊處_{하나니라}

초일체허공무변처　　입무변식　　주식무
超一切虛空無邊處_{하야} 入無邊識_{하야} 住識無

변처
邊處_{하나니라}

초일체식무변처　　입무소소유　　주무소
超一切識無邊處_{하야} 入無少所有_{하야} 住無所

유처
有處_{하나니라}

아 버리는 생각이 청정하여 제4선에 머무른다.

일체 물질이라는 생각을 초월하고 상대가 있다는 생각을 없애 갖가지 생각을 기억하지 아니하여, 가없는 허공에 들어가서 허공이 가없는 곳에 머무른다.

일체 허공이 가없는 곳을 초월하여 가없는 식에 들어가서 식이 가없는 곳에 머무른다.

일체 식이 가없는 곳을 초월하여 조금도 있는 바가 없음에 들어가서 있는 바가 없는 곳에 머무른다.

일체 있는 바가 없는 곳을 초월하여 생각이

초일체무소유처　　주비유상비무상처
超一切無所有處하야 住非有想非無想處호대

단수순법고　　행　　이무소락착
但隨順法故로 行이언정 而無所樂著이니라

불자　　차보살　　심수어자　　광대무량불
佛子야 此菩薩이 心隨於慈하야 廣大無量不

이
二하니라

무원무대　　무장무뇌　　변지일체처　　　진
無怨無對하며 無障無惱하며 徧至一切處하며 盡

법계허공계　　변일체세간　　주비희사
法界虛空界하야 徧一切世間하나니 住悲喜捨도

역부여시
亦復如是하니라

있지도 않고 생각이 없지도 않은 곳에 머무른다. 다만 법을 수순하므로 행하고, 즐거워 집착하는 일은 없다.

불자여, 이 보살이 마음이 자애로움을 따라서 넓고 크고 한량없고 둘이 아니다.

원수가 없고 상대가 없으며, 장애가 없고 고뇌가 없으며, 일체 처소에 두루 이르며, 온 법계와 허공계에서 일체 세간에 두루한다. 불쌍히 여김과 기뻐함과 버림에 머무르는 것도 또한 다시 이와 같다.

불자　차보살　득무량신통력　　능동대
佛子야 此菩薩이 得無量神通力하야 能動大

지　　이일신　위다신　다신　위일신
地하며 以一身으로 爲多身하고 多身으로 爲一身하야

혹은혹현
或隱或顯하니라

석벽산장　소왕무애　유여허공　어허공
石壁山障에 所往無礙를 猶如虛空하며 於虛空

중　가부이거　동어비조　입지여수　　이
中에 跏趺而去를 同於飛鳥하며 入地如水하며 履

수여지　신출연염　여대화취
水如地하며 身出煙燄을 如大火聚하니라

부우어수　유여대운　일월　재공　유
復雨於水를 猶如大雲하며 日月이 在空하야 有

대위력　이능이수　문막마촉　기신자
大威力이어든 而能以手로 捫摸摩觸하며 其身自

불자여, 이 보살이 한량없는 신통의 힘을 얻어 능히 대지를 흔들며, 한 몸으로 많은 몸이 되고 많은 몸으로 한 몸이 되며, 숨기도 하고 나타나기도 한다.

돌과 벽과 산이 막혀도 장애 없이 지나가기를 마치 허공과 같이 하며, 허공에서 가부좌하고 가기를 나는 새와 같이 하며, 땅에 들어가기를 물과 같이 하며, 물을 밟기를 땅과 같이 하며, 몸에서 연기와 불꽃을 내기를 큰 불더미와 같이 한다.

또 물을 내리기를 큰 구름과 같이 하며, 해와 달이 공중에 있듯이 큰 위력이 있어 능히

재　　내지범세
在하야 乃至梵世하나라

차 보살　천이청정　과 어 인 이　실문인
此菩薩이 天耳淸淨이 過於人耳하야 悉聞人

천　약근약원　소유음성　내지문예맹승
天의 若近若遠한 所有音聲하고 乃至蟲蚋虻蠅

등성　역실능문
等聲도 亦悉能聞하나라

차 보살　이타심지　여실이지타중생심
此菩薩이 以他心智로 如實而知他衆生心하나니라

소위유탐심　여실지유탐심　이탐심　여
所謂有貪心에 如實知有貪心하고 離貪心에 如

손으로 어루만지고 주무르고 부딪치며 그 몸
이 자재하여 범천의 세계에 이른다.

　이 보살이 천이통이 청정하여 인간의 귀보다
뛰어나니, 인간이나 천상의 가까운 곳이나 먼
곳의 있는 바 음성을 모두 들으며, 내지 모기와
등에와 파리 등의 소리도 또한 다 능히 듣는다.

　이 보살이 타심통의 지혜로 다른 중생의 마
음을 사실대로 안다.
　이른바 탐심이 있으면 탐심이 있음을 사실대
로 알고, 탐심이 없으면 탐심이 없음을 사실대

실지이탐심
實知離貪心하니라

유진심이진심　유치심이치심　유번뇌심
有瞋心離瞋心과 有癡心離癡心과 有煩惱心

무번뇌심　소심광심　대심무량심　약심비
無煩惱心과 小心廣心과 大心無量心과 略心非

약심　산심비산심　정심비정심　해탈심비
略心과 散心非散心과 定心非定心과 解脫心非

해탈심　유상심무상심　잡염심비잡염심
解脫心과 有上心無上心과 雜染心非雜染心과

광심비광심　개여실지　보살　여시이타
廣心非廣心을 皆如實知하야 菩薩이 如是以他

심지　지중생심
心智로 知衆生心하니라

로 안다.

성냄이 있는 마음과 성냄을 여읜 마음과, 어리석음이 있는 마음과 어리석음을 여읜 마음과, 번뇌가 있는 마음과 번뇌가 없는 마음과, 협소한 마음과 넓은 마음과, 큰 마음과 한량없는 마음과, 간략한 마음과 간략하지 않은 마음과, 산란한 마음과 산란하지 않은 마음과, 선정의 마음과 선정이 아닌 마음과, 해탈한 마음과 해탈하지 못한 마음과, 위가 있는 마음과 위가 없는 마음과, 물든 마음과 물들지 않은 마음과, 광대한 마음과 광대하지 않은 마음을 모두 사실대로 안다. 보살이 이와

차보살　염지무량숙명차별
此菩薩이 念知無量宿命差別하나니라

소위염지일생　　염지이생삼생사생　　내지
所謂念知一生하며 念知二生三生四生과 乃至

십생이십삼십　내지백생　무량백생　무량
十生二十三十과 乃至百生과 無量百生과 無量

천생　무량백천생　성겁괴겁　성괴겁　무
千生과 無量百千生과 成劫壞劫과 成壞劫과 無

량성괴겁
量成壞劫하니라

아증재모처　여시명　여시성　여시종족
我曾在某處한 如是名과 如是姓과 如是種族과

여시음식　여시수명　여시구주　여시고
如是飲食과 如是壽命과 如是久住와 如是苦

락　아어피사　생어모처　종모처사
樂과 我於彼死하야 生於某處하고 從某處死하야

같이 타심통의 지혜로 중생의 마음을 안다.

이 보살이 한량없는 숙명의 차별을 생각하여 안다.

이른바 한 생을 생각하여 알고, 두 생과 세 생과 네 생과 내지 열 생과 스물·서른 내지 백 생과 한량없는 백 생과 한량없는 천 생과 한량없는 백천 생과, 이루어지는 겁과 무너지는 겁과, 이루어지고 무너지는 겁과, 한량없는 이루어지고 무너지는 겁을 생각하여 안다.

내가 일찍이 어느 곳에서 이러한 이름과, 이러한 성과, 이러한 종족과, 이러한 음식과, 이

생어차처　여시형상　여시상모　여시언
生於此處한 如是形狀과 如是相貌와 如是言

음　　여시과거무량차별　개능억념
音하야 如是過去無量差別을 皆能憶念하니라

차보살　천안청정　과어인안　견제중
此菩薩이 天眼淸淨이 過於人眼하야 見諸衆

생　생시사시　호색악색　선취악취　수업
生의 生時死時와 好色惡色과 善趣惡趣에 隨業

이거
而去하니라

약피중생　성취신악행　성취어악행
若彼衆生이 成就身惡行하고 成就語惡行하고

성취의악행　비방현성　구족사견　급
成就意惡行하야 誹謗賢聖하고 具足邪見과 及

러한 수명과, 이러한 오래 머무름과, 이러한
고통과 즐거움과, 내가 저기에서 죽어 어느 곳
에 태어남과, 어느 곳에서 죽어 이곳에 태어남
과, 이러한 형상과, 이러한 모양과, 이러한 말
소리와, 이러한 과거의 한량없는 차별을 모두
능히 기억하여 생각한다.

이 보살이 천안통이 청정하여 인간의 눈보다
뛰어나니, 모든 중생들의 나는 때와 죽는 때
와, 좋은 몸과 나쁜 몸과, 좋은 갈래와 나쁜
갈래에 업을 따라 가는 것을 본다.

만약 저 중생이 몸으로 나쁜 행을 짓고, 말로

사견업인연　　신괴명종　　필타악취　　생
邪見業因緣하면 身壞命終에 必墮惡趣하야 生

지옥중
地獄中하니라

약피중생　　성취신선행　　성취어선행
若彼衆生이 成就身善行하고 成就語善行하고

성취의선행　　불방현성　　구족정견　정
成就意善行하야 不謗賢聖하고 具足正見과 正

견업인연　　신괴명종　　필생선취제천지
見業因緣하면 身壞命終에 必生善趣諸天之

중　보살　천안　　개여실지
中을 菩薩이 天眼으로 皆如實知하나니라

차보살　어제선삼매　삼마발저　능입능
此菩薩이 於諸禪三昧와 三摩鉢底에 能入能

나쁜 행을 짓고, 뜻으로 나쁜 행을 지으며, 성현을 비방하고, 삿된 견해와 삿된 견해의 업의 인연을 구족하면 몸이 무너져 목숨이 끝남에 반드시 나쁜 갈래에 떨어져서 지옥 가운데 태어난다.

만약 저 중생이 몸으로 선한 행을 짓고, 말로 선한 행을 짓고, 뜻으로 선한 행을 지으며, 성현을 비방하지 않고, 바른 견해와 바른 견해의 업의 인연을 구족하면 몸이 무너져 목숨이 끝남에 반드시 좋은 갈래의 모든 천상 가운데 태어나는 것을 보살이 천안으로 모두 사실대로 안다.

이 보살이 모든 선정과 삼매와 삼마발저에

출   연   불수기력수생   단수능만보리
出이나 然이나 不隨其力受生하고 但隨能滿菩提

분 처   이 의 원 력   이 생 기 중
分處하야 以意願力으로 而生其中이니라

불 자   시 보 살   주 차 발 광 지   이 원 력 고   득
佛子야 是菩薩이 住此發光地에 以願力故로 得

견 다 불
見多佛하나니라

소 위 견 다 백 불   견 다 천 불   견 다 백 천 불
所謂見多百佛하고 見多千佛하고 見多百千佛하며

내 지 견 다 백 천 억 나 유 타 불
乃至見多百千億那由他佛하나라

능히 들어가고 능히 나온다. 그러나 그 힘을 따라 생을 받는 것이 아니고, 단지 보리의 부분을 만족할 수 있는 곳을 따라서 뜻과 원력으로 그 가운데 태어난다.

불자여, 이 보살이 이 발광지에 머물러서 원력으로 많은 부처님을 친견한다.

이른바 많은 백 부처님을 친견하며, 많은 천 부처님을 친견하며, 많은 백천 부처님을 친견하며, 내지 많은 백천억 나유타 부처님을 친견한다.

모두 광대한 마음과 깊은 마음으로 공경하고

실이광대심심심　　공경존중　　승사공양
悉以廣大心深心으로 恭敬尊重하고 承事供養하야

의복음식　　와구탕약　　일체자생　　실이봉
衣服飮食과 臥具湯藥과 一切資生을 悉以奉

시　　역이공양일체중승　　이차선근　　회
施하며 亦以供養一切衆僧하야 以此善根으로 迴

향아뇩다라삼먁삼보리
向阿耨多羅三藐三菩提하니라

어기불소　　공경청법　　문이수지　　수력
於其佛所에 恭敬聽法하고 聞已受持하야 隨力

수행
修行하니라

차보살　　관일체법　　불생불멸　　인연이
此菩薩이 觀一切法이 不生不滅이라 因緣而

유
有하니라

존중하고 받들어 섬기고 공양하며, 의복과 음식과 와구와 탕약과 일체 살림을 모두 받들어 보시한다. 또한 일체 스님들에게 공양하며, 이 선근으로 아뇩다라삼먁삼보리에 회향한다.

그 부처님 처소에서 공경히 법을 들으며, 듣고는 받아 지니며, 힘을 따라 수행한다.

이 보살이 일체 법이 나지도 않고 멸하지도 않으며 인연으로 있음을 관찰한다.

견해의 얽매임이 먼저 멸하고, 일체 욕망의 얽매임과 물질의 얽매임과 존재의 얽매임과 무명의 얽매임이 모두 점점 희박하여지고, 한량없는 백천억 나유타 겁에 쌓아 모으지 아니하

견박　　선멸　　일체욕박색박유박무명박　　개
見縛이 先滅에 一切欲縛色縛有縛無明縛이 皆

전미박　　　어무량백천억나유타겁　　부적집
轉微薄하야 於無量百千億那由他劫에 不積集

고　　사탐사진　　급이사치　　실득제단　　소
故로 邪貪邪瞋과 及以邪癡가 悉得除斷하고 所

유선근　　전갱명정
有善根이 轉更明淨하나니라

불자　　비여진금　　선교연치　　칭량불감
佛子야 譬如眞金을 善巧鍊治에 稱兩不減하고

전갱명정
轉更明淨인달하니라

보살　　역부여시　　주차발광지　　부적집
菩薩도 亦復如是하야 住此發光地에 不積集

고　　사탐사진　　급이사치　　개득제단　　소
故로 邪貪邪瞋과 及以邪癡가 皆得除斷하고 所

므로 삿된 탐욕과 삿된 성냄과 삿된 어리석음

이 모두 끊어지고, 있는 바 선근이 점점 더 밝

고 청정해진다.

불자여, 마치 진금을 교묘하게 연단하여 무

게가 줄지 않고 더욱 더 밝고 깨끗하게 되는

것과 같다.

보살도 또한 다시 이와 같아서 이 발광지에

머물러 쌓아 모으지 아니하므로, 삿된 탐욕과

삿된 성냄과 삿된 어리석음이 모두 끊어지고,

있는 바 선근이 더욱 더 밝고 깨끗해진다.

이 보살의 인욕하는 마음과, 부드러운 마음

과, 화순하는 마음과, 기뻐하는 아름다운 마

유선근　전갱명정
有善根이 轉更明淨하나니라

차보살　인욕심　유화심　해순심　열미
此菩薩이 忍辱心과 柔和心과 諧順心과 悅美

심　부진심　부동심　불탁심　무고하심
心과 不瞋心과 不動心과 不濁心과 無高下心과

불망보심　보은심　불첨심　불광심　무혐
不望報心과 報恩心과 不諂心과 不誑心과 無諂

피심　개전청정
誠心이 皆轉淸淨이니라

차보살　어사섭중　이행　편다　십바라
此菩薩이 於四攝中엔 利行이 偏多하고 十波羅

밀중　인바라밀　편다　여비불수　단수
蜜中엔 忍波羅蜜이 偏多하며 餘非不修로대 但隨

력수분
力隨分이니라

음과, 성내지 않는 마음과, 흔들리지 않는 마음과, 탁하지 않은 마음과, 높고 낮음이 없는 마음과, 과보를 바라지 않는 마음과, 은혜를 갚는 마음과, 아첨하지 않는 마음과, 속이지 않는 마음과, 험담하지 않는 마음이 다 점점 청정해진다.

이 보살이 사섭법 중에서는 이롭게 하는 행이 치우쳐 많고, 십바라밀 중에서는 인욕바라밀이 치우쳐 많다. 다른 것을 닦지 않는 것은 아니나 단지 힘을 따르고 분한을 따를 뿐이다.

불자여, 이것을 이름하여 보살의 제3 발광지라고 한다.

불자　시명보살　제삼발광지
佛子야 是名菩薩의 第三發光地니라

보살　주차지　다작삼십삼천왕　능이방
菩薩이 住此地에 多作三十三天王하야 能以方

편　영제중생　사리탐욕　보시애어이
便으로 令諸衆生으로 捨離貪欲하고 布施愛語利

행동사　여시일체제소작업　개불리염
行同事하나니 如是一切諸所作業이 皆不離念

불　불리염법　불리염승　내지불리염
佛하고 不離念法하고 不離念僧하며 乃至不離念

구족일체종　일체지지
具足一切種과 一切智智니라

부작시념　아당어일체중생중　위수　위
復作是念호대 我當於一切衆生中에 爲首며 爲

보살이 이 지위에 머물러서는 많이 삼십삼천의 왕이 되며, 능히 방편으로 모든 중생들로 하여금 탐욕을 버리어 여의게 하고, 보시하고 사랑스러운 말을 하고 이익하게 하는 행을 하고 일을 같이 한다. 이와 같은 일체 모든 짓는 바 업이 모두 부처님을 생각함을 여의지 아니하며, 법을 생각함을 여의지 아니하며, 스님을 생각함을 여의지 아니하며, 내지 일체종과 일체지의 지혜 구족하기를 생각함을 여의지 아니한다.

다시 이렇게 생각하기를 '나는 마땅히 일체 중생들 가운데서 상수가 되고, 수승한 이가

승   위수승   위묘   위미묘   위상   위
勝이며 爲殊勝이며 爲妙며 爲微妙며 爲上이며 爲

무상   내 지 위 일 체 지 지 의 지 자
無上이며 乃至爲一切智智依止者라하나니라

약 근 행 정 진   어 일 념 경   득 백 천 삼 매
若勤行精進하면 於一念頃에 得百千三昧하야

득 견 백 천 불   지 백 천 불 신 력   능 동 백 천
得見百千佛하며 知百千佛神力하며 能動百千

불 세 계   내 지 시 현 백 천 신   일 일 신   백 천
佛世界하며 乃至示現百千身에 一一身이 百千

보 살   이 위 권 속
菩薩로 以爲眷屬이니라

약 이 보 살 수 승 원 력   자 재 시 현   과 어 차
若以菩薩殊勝願力으로 自在示現인댄 過於此

되고, 특히 수승한 이가 되고, 묘한 이가 되고, 미묘한 이가 되고, 높은 이가 되고, 위없는 이가 되고, 내지 일체지의 지혜에 의지하는 자가 될 것이다.'라고 한다.

만약 부지런히 정진을 행하면 한 생각 사이에 백천 삼매를 얻고, 백천 부처님을 친견하고, 백천 부처님의 위신력을 알고, 백천 부처님의 세계를 능히 진동하며, 내지 백천 가지 몸을 나타내 보이고, 낱낱 몸이 백천 보살로 권속을 삼는다.

만약 보살의 수승한 원력으로 자재하게 나타

수   백겁천겁   내지백천억나유타겁
數_{하야} 百劫千劫_과 乃至百千億那由他劫_{에도}

불능수지
不能數知_{니라}

이시   금강장보살   욕중선기의   이설송왈
爾時_에 金剛藏菩薩_이 欲重宣其義_{하사} 而說頌曰

청정안주명성심   염리무탐무해심
清淨安住明盛心_과   厭離無貪無害心_과

견고용맹광대심   지자이차입삼지
堅固勇猛廣大心_{이여}   智者以此入三地_{로다}

내 보이면 이 수를 넘어서니, 백 겁과 천 겁과 내지 백천억 나유타 겁에도 능히 세어서 알 수 없다."

이때에 금강장 보살이 그 뜻을 거듭 펴려고 게송을 설하여 말씀하였다.

청정하고 편히 머무르고 밝고 성대한 마음과
싫어하지 않고 탐내지 않고 해치지 않는 마음과
견고하고 용맹하고 넓고 큰 마음이여,
지혜로운 자가 이로써 발광지에 들도다.

보살주차발광지
菩薩住此發光地에

관제행법고무상
觀諸行法苦無常과

부정패괴속귀멸
不淨敗壞速歸滅과

무견무주무래왕
無堅無住無來往하며

관제유위여중병
觀諸有爲如重病하야

우비고뇌혹소전
憂悲苦惱惑所纏이요

삼독맹화항치연
三毒猛火恒熾然하야

무시시래불휴식
無始時來不休息이로다

염리삼유불탐착
厭離三有不貪著하고

전구불지무이념
專求佛智無異念하니

난측난사무등륜
難測難思無等倫이며

무량무변무핍뇌
無量無邊無逼惱로다

보살이 이 발광지에 머물러서
모든 법이 괴롭고 무상하고
깨끗하지 않고 파괴되고 빨리 소멸하고
견고함 없고 머무름 없고 왕래도 없음을 관찰하도다.

모든 유위법이 위중한 병과 같고
걱정과 슬픔과 고통과 번뇌에 얽매인 바이며
삼독의 맹렬한 불이 항상 치성하게 타서
비롯함 없는 때부터 쉼 없음을 관하도다.

삼유를 싫어해 여의어 탐착하지 않으며
오직 부처님 지혜만 구하고 다른 생각 없으니
헤아리기 어렵고 생각하기 어렵고 짝할 이 없어
한량없고 가없고 핍박과 고뇌가 없도다.

견불지이민중생
見佛智已愍衆生호대

고독무의무구호
孤獨無依無救護하며

삼독치연상곤핍
三毒熾然常困乏하며

주제유옥항수고
住諸有獄恒受苦하며

번뇌전부맹무목
煩惱纏覆盲無目하며

지락하열상법보
志樂下劣喪法寶하며

수순생사포열반
隨順生死怖涅槃하니

아응구피근정진
我應救彼勤精進이로다

장구지혜익중생
將求智慧益衆生호대

사하방편영해탈
思何方便令解脫고하야

불리여래무애지
不離如來無礙智하니

피부무생혜소기
彼復無生慧所起로다

부처님 지혜를 보고서 중생을 가엾게 여기되
고독하여 의지할 이 없고 구호할 이 없어
삼독의 불이 치성하며 항상 곤핍하고
모든 존재의 옥에 머물러 항상 고통받도다.

번뇌에 얽히고 덮여서 눈멀어 눈이 없으며
뜻에 즐겨함이 하열하여 법의 보배를 상실하며
생사를 따르며 열반을 두려워하니
내 마땅히 저를 구제하려 부지런히 정진하도다.

장차 지혜를 구하여 중생을 이익케 하되
어떤 방편으로 해탈케 할까를 생각해서
여래의 걸림 없는 지혜를 여의지 않으니
그 또한 남이 없는 지혜가 일으킨 바로다.

심념차혜종문득
心念此慧從聞得하고

여시사유자근려
如是思惟自勤勵하야

일야청습무간연
日夜聽習無間然하야

유이정법위존중
唯以正法爲尊重이로다

국성재패제진보
國城財貝諸珍寶와

처자권속급왕위
妻子眷屬及王位를

보살위법기경심
菩薩爲法起敬心하야

여시일체개능사
如是一切皆能捨로다

두목이비설아치
頭目耳鼻舌牙齒와

수족골수심혈육
手足骨髓心血肉이여

차등개사미위난
此等皆捨未爲難이요

단이문법위최난
但以聞法爲最難이로다

생각하니 이 지혜는 들어서 얻으며

이와 같이 사유하고 스스로 부지런히 힘써

밤낮으로 듣고 익혀 쉬지 않으며

오직 바른 법을 존중할 뿐이로다.

나라와 성과 재물과 모든 보물과

처자와 권속들과 국왕의 자리를

보살이 법을 위해 공경한 마음을 일으켜

이와 같은 일체를 모두 능히 버리도다.

머리와 눈과 귀와 코와 혀와 치아와

손과 발과 골수와 심장과 피와 살,

이런 것 다 버림은 어렵지 않지만

다만 법을 듣는 일이 가장 어렵도다.

설유인래어보살
設有人來語菩薩호대

숙능투신대화취
孰能投身大火聚오

아당여여불법보
我當與汝佛法寶라하면

문이투지무겁구
聞已投之無怯懼로다

가사화만삼천계
假使火滿三千界라도

신종범세이투입
身從梵世而投入이니

위구법고불위난
爲求法故不爲難이어든

황부인간제소고
況復人間諸小苦아

종초발의지득불
從初發意至得佛히

기간소유아비고
其間所有阿鼻苦를

위문법고개능수
爲聞法故皆能受어든

하황인중제고사
何況人中諸苦事아

설령 어떤 사람이 보살에게 와서 말하기를
'누가 능히 큰 불덩이에 몸을 던지면
내 마땅히 그대에게 불법의 보배를 주리라.'고 하면
듣고서 몸을 던져도 두려움 없으리라.

가령 불길이 삼천세계에 가득한데
몸을 범천에서 던져 뛰어들더라도
법을 구하기 위한 까닭으로 어렵지 않은데
하물며 인간의 온갖 작은 고통이겠는가.

처음 뜻을 일으킴으로부터 부처가 되기까지
그 사이에 있는 바 아비지옥의 고통을
법을 듣기 위한 까닭으로 다 능히 받거늘
어찌 하물며 인간 중의 온갖 괴로운 일이겠는가.

문이여리정사유
聞已如理正思惟_{하야}

획득사선무색정
獲得四禪無色定_{하며}

사등오통차제기
四等五通次第起_나

불수기력이수생
不隨其力而受生_{이로다}

보살주차견다불
菩薩住此見多佛_{하야}

공양청문심결정
供養聽聞心決定_{하며}

단제사혹전청정
斷諸邪惑轉淸淨_{하니}

여연진금체무감
如鍊眞金體無減_{이로다}

주차다작도리왕
住此多作忉利王_{하야}

화도무량제천중
化導無量諸天衆_{호대}

영사탐심주선도
令捨貪心住善道_{하야}

일향전구불공덕
一向專求佛功德_{이로다}

듣고서는 이치대로 바르게 사유하여

사선과 무색계의 정을 얻으며

사무량과 오신통이 차례대로 일어나지만

그 힘을 따라서 생을 받음이 아니로다.

보살이 여기에 머물러 많은 부처님을 친견하고

공양올리고 법문 들어 마음이 결정하여

모든 삿된 의혹 끊고 더욱 청정하니

진금을 연단하되 무게가 줄지 않음과 같도다.

여기에 머물러 많이 도리천왕이 되어서

한량없는 모든 하늘 대중을 교화하여 이끌어

탐심을 버리고 선한 도에 머무르고

한결같이 부처님의 공덕을 오로지 구하게 하도다.

불자주차근정진
佛子住此勤精進하야

백천삼매개구족
百千三昧皆具足하며

견백천불상엄신
見百千佛相嚴身이나

약이원력부과시
若以願力復過是로다

일체중생보이익
一切衆生普利益이

피제보살최상행
彼諸菩薩最上行이니

여시소유제삼지
如是所有第三地를

아의기의이해석
我依其義已解釋이로다

〈大方廣佛華嚴經 卷第三十五〉

불자들이 여기에 머물러 부지런히 정진하여

백천 삼매를 모두 구족하고

백천 부처님의 상호로 장엄한 몸을 친견하며

만약 원력이라면 다시 이보다 뛰어나리라.

일체 중생을 널리 이익되게 하는 것이

저 모든 보살들의 가장 높은 행이니

이와 같이 있는 바 제3지를

내가 그 뜻에 의지하여 해석해 마쳤도다.

〈대방광불화엄경 제35권〉

大方廣佛華嚴經
부록

•

대방광불화엄경 목차

•

간행사

대방광불화엄경
목차

간 행 사

　귀의삼보 하옵고,

　『대방광불화엄경』의 수지 독송과 유통을 발원하면서 수미정사 불전연구원에서 『독송본 한문·한글역 대방광불화엄경』과 『사경본 한글역 대방광불화엄경』을 편찬하여 간행하게 되었습니다.

　『화엄경』은 우리나라에 전래된 이래 일찍부터 사경되고 주석·강설되어 왔으며 근현대에 이르러서는 『화엄경』의 한글 번역과 연구도 부쩍 많이 이루어졌습니다. 그만큼 『화엄경』이 우리 불자님들의 신행과 해탈에 큰 의지처가 되었던 것임을 알 수 있습니다.

　『화엄경』을 독송하고 사경하는 공덕은 설법 공덕과 함께 크게 강조되어 왔습니다. 그리하여 수미정사 불전연구원에서도 『화엄경』(80권)을 독송하고 사경하는 데 도움이 되도록 한문 원문과 한글역을 함께 수록한 독송본과 한글역의 사경본 『화엄경』 간행불사를 발원하였습니다. 이 『화엄경』 간행불사에 뜻을 같이하여 적극 후원해주신 스님들과 재가 불자님들께 깊이 감사드립니다. 또한 『화엄경』을 수지 독송할 수 있도록 경책의 모습으로 장엄해 주신 편집위원들과 담앤북스 출판사 관계자들께도 고마움을 표합니다.

　끝으로 이 불사의 원만 회향으로 『화엄경』이 널리 유통되고, 온 법계에 부처님의 가피가 충만하시길 기원드립니다.

　나무 대방광불화엄경

불기 2564년 '부처님오신날'을 봉축하며
수미해주 합장

위태천신(동진보살)

수미해주 須彌海住

호거산 운문사에서 성관 스님을 은사로 출가, 석암 대화상을 계사로 사미니계 수계, 월하 전계사를
계사로 비구니계 수계, 계룡산 동학사 전문강원 졸업, 동국대학교 불교대학 및 동 대학원 졸업, 철
학박사, 가산지관 대종사에게서 전강, 동국대학교 불교대학 교수, 동학승가대학 학장 및 화엄학림
학림장, 중앙승가대학교 법인이사 역임.
(현) 수미정사 주지, 동국대학교 명예교수.
저·역서로 『의상화엄사상사연구』, 『화엄의 세계』, 『정선 원효』, 『정선 화엄1』, 『정선 지눌』, 『법계도기
총수록』, 『해주스님의 법성게 강설』 등 다수.

독송본 한문·한글역
대방광불화엄경 제35권

| 초판 1쇄 발행_ 2023년 7월 15일

| 엮은이_ 수미해주
| 엮은곳_ 수미정사 불전연구원
| 편집위원_ 해주 수정 경진 선초 정천 석도 박보람 최원섭
| 편집보_ 무이 무진 지욱 혜명

| 펴낸이_ 오세룡
| 펴낸곳_ 담앤북스
　　　　서울특별시 종로구 새문안로3길 23 경희궁의 아침 4단지 805호
　　　　대표전화 02)765-1251 전자우편 dhamenbooks@naver.com
　　　　출판등록 제300-2011-115호
| ISBN_ 979-11-6201-403-5 04220

정가 15,000원